천하도

13 키워드 한국문화

천하도

조선의 코스모그래피

오상학 지음

문학동네

차례

머리말

천하도, 조선의 지식인이 그려낸 세계

나의 고향은 꽃 피는 산골이 아닌 바다로 둘러싸인 섬이다. 뒤에는 큰 산이 있고 마을 앞에는 작은 섬도 몇 개가 자리잡고 있다. 외지라고는 버스를 타고 가본 읍내가 전부였던 어린 시절, 나의 눈에 비친 고향은 섬이 아닌 육지였다. 더 나아가 그것은 거대한 대륙으로 인식되었다. 마을 앞 망망대해를 지나가는 거대한 화물선을 보면서 바다 건너 저편에 여기와 같은 거대한 대륙이 있을 것이란 상상도 해보았다. 초등학교에 입학하여 둥그런 지구의에서 손톱만큼 작은 고향의 모습을 확인했을 때의 충격은 아직도 잊히지 않는다. 섬 소년이 인식했던 세계는 '과학'이나 '객관적 실재'와 크나큰 차이가 있었기 때문이다.

어릴 적의 경험은 이후 대학에서 역사지리학을 전공하면서 되살아났다. 서울대학교 규장각에서 연구원으로 근무할 때 다양한 고지도를 접할 수 있었다. 이때 나의 시선을 사로잡은 것은 원형으로 세계를 그린 천하도였다. 커다란 원 안에 두 개의 바다, 두 개의 대륙으로 구성된 독특한 구도, 해와 달이 뜨는 곳과 지는 곳에 그려진 신목神木, 바다와 대륙에 기재된 기이한 나라 등은 초학자의 호기심을 자극했다.

이러한 호기심은 이후 박사논문으로 이어졌다. 논문에서는 천하도의 특성과 의미를 세계 인식을 중심으로 정리해보았다. 연구 결과 천하도는 단순한 세계지도가 아니라 일종의 '코스모그래피cosmography, 宇宙誌'라는 것을 알게 되었다. 서양의 중세에는 천상에 있는 신의 의도가 땅에서 어떻게 구현되었는가를 이해하는 것이 중요했다. 이에 따라 천상의 신의 의도와 지상의 인간 생활이 통일되어야 한다는 전제하에 천문과 지리의 내용을 하나로 구성한 코스모그래피가 지리학의 한 분야를 형성했다. 당대 최고의 베스트셀러였던 제바스티안 뮌스터Sebastian Münster의 『코스모그라피아 *Cosmographia*』가 대표적인 사례이다.

이제까지 우리는 천하도의 둥그런 원을 땅으로만 이해해왔다. '천하도天下圖'라는 말 역시 '하늘 아래의 세계를 그린 지도'라는 의미이기 때문에 원은 지상세계를 의미한다고 자연스럽게 해석했던 것이다. 이로 인해 천하도에 담겨 있는 우주지적 의미는 캐어볼 수 없었다. 하늘과 땅이 분리되어 존재하는 것이 아니라 밀접한 관련을 갖는다는 천지상관적 사고가 천하도의 저변에 깔려 있음을 간과했던 것이다.

이 책은 이러한 문제의식을 바탕으로 천하도에 담겨 있는 의미들을 캐어보는 여정으로 구성되었다. 천하도의 탄생과 기원, 형태와 구조, 지도에 기재된 다양한 나라들을 살펴보고 마지막으로 천하도에 담겨 있는 세계 인식의 특성을 검토할 것이다. 이를 위해 다양한 세계지도와 관련 도판을 같이 수록하여 독자의 이해를 돕고자 했다.

우리 조상들은 천하도와 같은 세계지도를 단지 세계의 지리적 실체를 확인하는 용도로만 사용하지는 않았다. 지도상에서 '객관세계'를 확인하는 작업은 어떻게 보면 부차적이었을지도 모른다. 누워서 세상을 유람하는 '와유臥遊'의 즐거움이 더 컸을 것이다. 객관적 실재를 뛰어넘어 상상력의 산물로 가득찬 세계를 여유롭게 유람했던 것이다. 이제 이 한 권의 책이 누워서 세상을 유람하는 여정에 조그만 길잡이가 되었으면 한다.

2015년 1월

한라산 자락에서

오상학

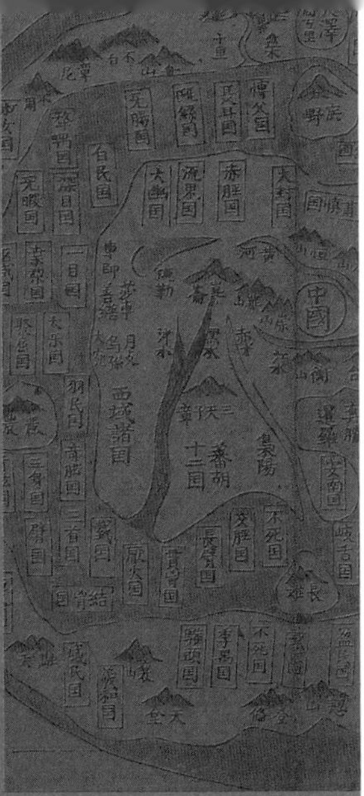

1

천하도란 무엇인가

"하늘은 둥글고 땅은 네모지다"라는 천원지방天圓地方의 천지관이 지배하던 동아시아 사회에서 세계를 원형으로 표현한 지도는 서구식 세계지도가 전래되기 이전에는 거의 볼 수가 없었다. 이와 같은 유형의 지도는 동아시아 문화권 가운데 오직 한국에만 전하여, 조선에서 제작된 독특한 세계지도로 인정받고 있다.

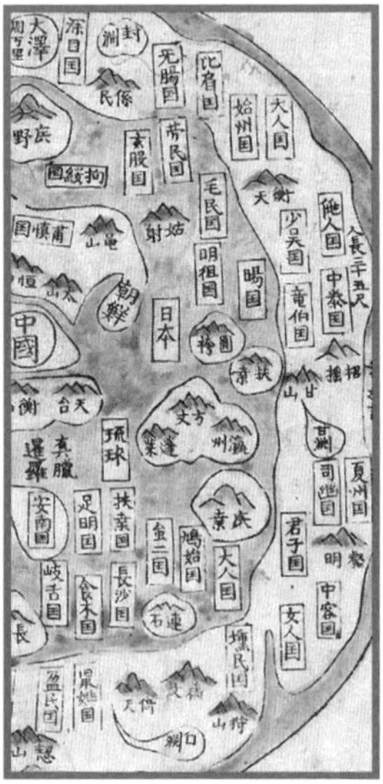

朝鮮
日本
中國
琉球
大人国
始州国
毛民国
君子国
女人国
安南国
長沙国

둥그런 원 안에 알 듯 모를 듯한 세계가 묘사되어 있다. 사람의 옆모습을 닮은 듯한 중심부의 대륙, 그것을 감싸고 있는 바다, 그 바다 너머에 그려진 둥근 고리 모양의 대륙, 그 외부로 또다시 광활한 바다가 펼쳐진다. 이들 사이로 수많은 나라가 빼곡하게 들어서 있다. 우리에게 익숙한 나라 이름도 보이고, 현실이 아닌 상상 속에서나 존재하는 나라도 보인다. 동쪽과 서쪽 끝 해와 달이 뜨고 지는 곳에 그려진 신령스런 나무는 자못 신비감을 더해 준다. 5대양 6대주가 그려진 현대의 세계지도와는 판이하게 다른 모습이다.

이름하여 '천하도天下圖'. 둥그런 원의 형태로 세계를 그렸다 하여 보통 '원형 천하도'라 불린다. 지도의 이름도 대부분 '천하도' 또는 '천하총도天下總圖'라 되어 있다. "하늘은 둥글고 땅은 네모지다"라는 천원지방天圓地方의 천지관이 지배하던 동아시아 사회에서 세계를 원형으로 표현한 지도는 서구식 세계지도가 전래되기 이전에는 거의 볼 수가 없었다. 이와 같은 유형의 지도는 동아시아 문화권 가운데 오직 한국에만 전하여, 조선에서 제작된 독특한 세계지도로 인정받고 있다.

천하도는 낱장으로 되어 있는 것이 매우 드물고 대부분 조선전도, 도별지도, 외국지도 등의 다른 지도와 함께 구성된 첩 또는 책에 수록되어 있다.

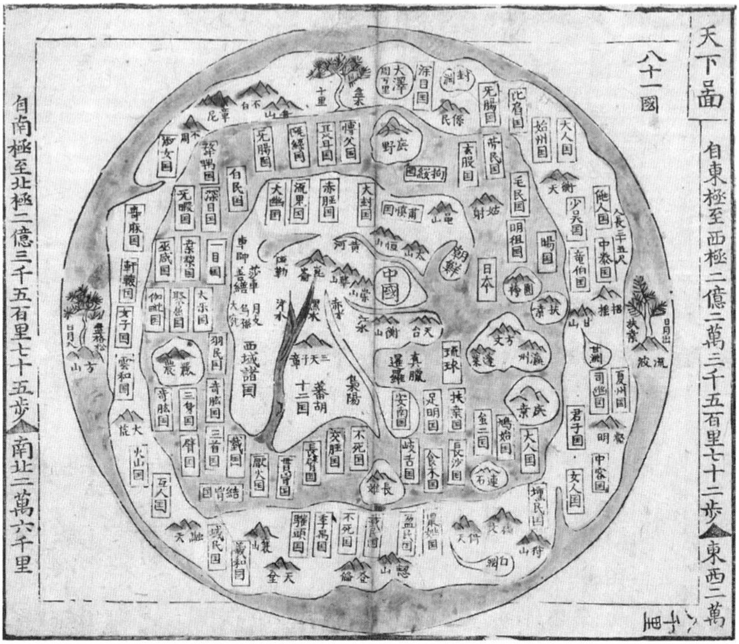

전형적인 목판본 천하도. 국립중앙박물관 소장

천하도가 수록된 지도책(첩)은 그 수가 매우 많고 종류도 다양하여 조선 후기 민간의 지식인들 사이에 가장 널리 유포되었던 세계지도라 할 수 있다. 10여 년 전까지만 해도 우리나라의 고서점이나 시골의 종가宗家에서는 흔하게 볼 수 있었다.

현존하는 천하도는 목판본에 필사본까지 합하면 수십 종에 이른다. 목판본 천하도도 남아 있는 것만 10종이 넘는다. 일부이긴 하지만 지도의 제목을 '태극도太極圖' '감여도堪輿圖'라 표기한 것도 있다. '태극도'라는 명칭의

필사본 천하도. 영남대학교 박물관 소장

천하도에는 지도 외곽의 원에 『주역周易』의 양의兩儀를 그려넣었다. 또 지도 외곽에 팔괘八卦를 상징하는 팔각형이 그려진 경우도 있다. 이러한 사실들은 천하도가 땅을 그린 보통의 세계지도와는 다르다는 것을 시사한다.

일부 천하도에는 지도의 여백에 많은 주기注記가 수록되어 있다. 국립중앙도서관 소장 『여지고람도보輿地攷覽圖譜』에 수록된 천하도에는 여느 사본과는 달리 여백에 많은 주기가 수록되어 있다. 이 천하도는 원래 목판본으로 제작되었지만 소장자가 채색과 주기를 첨가한 것으로 이러한 기록을 통

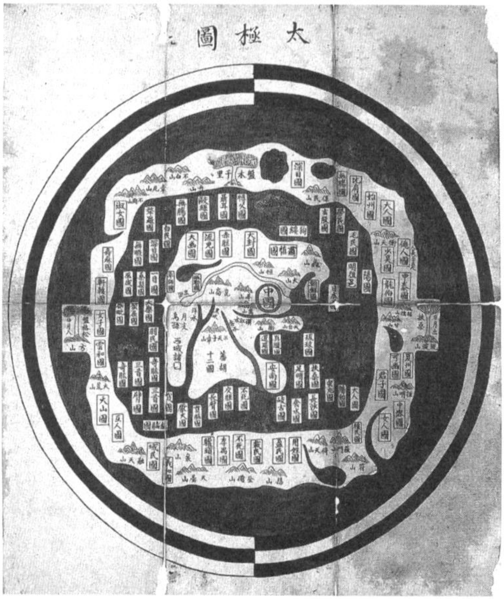

제목이 '태극도'인 천하도. 영남대학교 박물관 소장

해 당대인의 천하도에 대한 인식을 엿볼 수 있다. 이 지도의 제목 왼쪽에는 '천원지방天圓地方'이라는 표기와 함께 태극 문양이 그려져 있다. 주변의 다른 주기들은 지리적 세계에 대한 설명과 더불어 천지와 관련된 내용을 수록하고 있다.

이렇듯 다양한 유형의 천하도가 존재하지만 목판본, 필사본을 막론하고 천하도의 구조는 동일하다. 사람의 옆모습과 닮은 듯한 내대륙과 내대륙을 둘러싸는 바다인 내해, 내해를 둘러싸는 고리 모양의 외대륙, 외대륙 밖을 외해가 둘러싸는 구조이다. 이러한 내대륙-내해-외대륙-외해의 구조는 현

『여지고람도보』에 수록된 천하도. 국립중앙도서관 소장

존하는 다른 문화권의 세계지도에서는 전혀 찾아볼 수 없는 천하도만의 독특한 모습이다. 이와 더불어 해와 달이 뜨는 동쪽과 해와 달이 지는 서쪽에 신목을 그려넣은 점도 대부분의 천하도에서 공통적으로 나타난다.

이처럼 독특한 모양과 내용을 지닌 조선의 천하도는 일찍부터 외국 학자들의 관심을 끌어왔다. 동아시아 특유의 세계관이 표현된 세계지도로 인정받아 서구에도 일찍 소개되었다. 초기에는 개화기에 조선에 왔던 외국인에 의해 서양으로 전해졌다. 이를 바탕으로 1895년 모리스 쿠랑Morice Courant이 『한국서지*Bibliographie Coréenne*』 제2권에서 천하도를 영인 간행했고, 이듬해 앙리 코르디에Henri Cordier는 대영박물관 지도실에 있는 천하도를 사진판으로 출간했다. 그러나 기원이나 제작 연대에 대한 확실한 언급은 없다.[1] 1904년 이탈리아에서 카를로 로세티Carlo Rossetti가 출간한 『꼬레아 꼬레아니*Corea e Coreani*』에도 원형 천하도의 원본 사진과 더불어 지명을 영문으로 표기하여 다시 제작한 천하도 사진이 수록되어 있으나 지도에 대한 구체적인 설명이 제시되지는 않았다.[2]

천하도에 대한 좀더 자세한 내용을 서양에 소개한 사람은 이익습李益習이다. 그는 지도에 있는 각종 지명을 지도와 함께 수록했는데, 원형 천하도는 조선의 쇄국적인 성격을 바탕으로 다른 나라에서 흘러들어온 소문에 의해 제작된 것이라고 했다. 또한 천하도에 그려진 각각의 대륙과 나라가 실제 지형을 반영한다고 지적하면서 외대륙은 남북 아메리카, 서역제국은 아프리카, 백민국白民國은 영국 등으로 비정하기도 했다. 그는 천하도의 나라들이 현실에 실존한다고 인식했다.[3] 개화기 육영공원育英公院 교사로 재직하면서 『ᄉᆞ민필지』와 같은 순한글 세계지리 교과서를 집필한 헐버트Homer Bezaleel Hulbert도 천하도에 관심을 갖고 연구하여 서구 학계에 소개했다. 그는 이전과는 달리 인쇄본을 대상으로 연구했는데, 천하도가 중세의 세계 이미지Imago Mundi와 유사하다고 지적했다. 그도 이익습처럼 천하도의 가상 지명을 현실 지명에 비정하려 시도했다.[4]

이와 같이 초기 천하도에 대한 간략한 소개가 나온 이후로 여러 나라의 학자들이 천하도를 연구했다. 초기의 연구는 주로 일본 학자들이 주도했고 해방 이후에는 한국과 서양 학자들이 가세했다. 이러한 연구를 통해 천하도의 탄생과 기원, 천하도의 내용과 의미 등이 어느 정도 파악되었다. 그리하여 천하도는 조선 후기에 만들어져 지식인 사회에 널리 유포된, 조선의 가장 대표적인 세계지도로 인정받고 있다.

천원지방

고대로부터 중국을 중심으로 한 동아시아 문화권에서는 '하늘은 둥글고 땅은 네모지다'라는 천원지방天圓地方의 관념을 지녀왔다. 이러한 관념은 인간을 둘러싼 세계에 대한 경험과 관찰을 통해 형성된 것이다. 원圓은 움직이는 하늘을, 방方은 정지해 있는 땅을 상징하는데, 북극성을 중심으로 하는 항성恒星의 일주운동을 보고 '천원天圓'이라 생각하고, 태양 운행의 계절에 의한 변화를 보고 '지방地方'이라 했던 것이다. 천원지방은 천지에 대한 원형적原型的 사고로 서구의 지구설을 수용하기 이전까지 이어져 내려왔다.

원과 사각형으로 세계를 형상화하고 상징하는 것은 고대 중국에만 특이하게 존재하던 사고는 아니었다. 원은 완전完全의 상징으로 고대부터 우주의 개념을 파악하는 데 큰 영향을 미쳤으며, 인간이 만든 최초의 기하학적 형태이자 가장 오래된 상징의 하나이다. 원은 불교의 가르침을 도상으로 표현한 인도의 만다라曼陀羅에서도 흔히 볼 수 있다. 또한 사각형은 땅을 상징하는데 고대 헤브루인들도 세계는 바다로 둘러싸인 사각형의 땅이라고 여겼다.

인간은 본래 사선보다 수직선과 수평선을 더 선호하는 경향이 있었으며 고대부터 하늘은 원형으로, 땅은 직선과 관련된 형태로 인식했다. 이렇듯 기초적 도형인 원과 사각형으로 세계를 표현하는 것은 일종의 원형적 사고로 볼 수 있다. 원형은 어떤 형상이나 외관을 구성하면서 인간 심리의 깊은 곳에 내재하는 원초적인 관념이나 이미지로, 시간과 공간이 달라도 유사하게 나타날 수 있다.

천원지방을 천지의 형태로 받아들일 때, '둥근 하늘과 네모진 땅' 이상의 구체적인 모습을 제시한 것은 아니었다. 특히 원형인 하늘과 방형인 땅이 곡면인지 평면인지 뚜렷하지 않으며, 대부분 사물의 형태에 비유하는 형식으로 표현되었다. 이런 연유로 일찍부터 천원지방의 천지 형태에 대한 비판이 제기되었다. 즉, 천지의 형태가 원형과 방형이라면 하늘이 네모진 땅을 가릴 수 없다는 문제를 제기하며 천원지방을 형태적인 관점보다는 형이상학적 관점에서 이해하려 했다. 천원지방을 실제 하늘과 땅의 모습을 나타낸 것이 아니라 대상의 성질에서 추출한 메타포로 보기도 했다. 그러나 둥글다거나 모났다는 것은 형상을 묘사하는 표현인 점을 고려할 때 천원지방이라는 개념이 천지의 형태와 무관하다는 주장은 지나치게 일면만 부각한 것이라 판단된다. 오히려 천원지방이라는 개념은 천지의 형태를 기본적인 도형으로 추상화한 것이라 할 수 있으며 이후 학자들이 거기에 형이상학적 해석을 덧붙였다고 보는 게 타당할 것이다.

이러한 천지관을 바탕으로 중국 문화권에서는 하늘과 땅이 독립적으로 분리되어 존재하는 것이 아니라 유기적인 관계를 맺고 있다는 천지상관적 사고가 오랫동안 유지되어왔다. 서양에서 천상의 세계는 지상의 세계와 분리된, 신이 주재하는 영역이지만, 동양에서는 지상의 질서가 천상에 투영되기도 하고 천상의 변화가 지상에 영향을 미치기도 한다고 인식되었다. 이러한 천지상관적 사고로 인해 하늘을 그린 천문도에 지상의 공간 질서가 표현되기도 하고 땅을 그린 지도에 천상의 별자리가 그려지기도 했던 것이다.

〈천지도天地圖〉는 천원지방의 관념에 따라 하늘은 원, 땅은 사각형으로 그렸는데, 둥근 원 둘레에 하늘의 대표적인 별자리인 28수宿를 그려 천지의 상관적 관계를 잘 표현하고 있다. 사각형 내부에는 중국과 주변 나라를 그려넣었고, 그 외곽에는 목성의 운행 주기에 따라 구분한 12차次의 이름을 방위와 함께 표기했다. 사각형 바깥에 그려진 별자리에는 할당된 지상의 영역이 있는데, 별자리의 변화를 관찰하여 해당 지역의 변화를 예측하는 점성술에 이용했다.

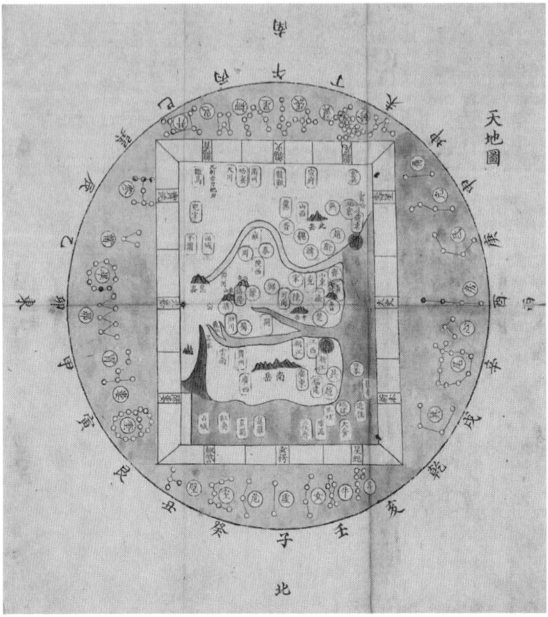

천원지방이 표현된 〈천지도〉. 국립중앙박물관 소장

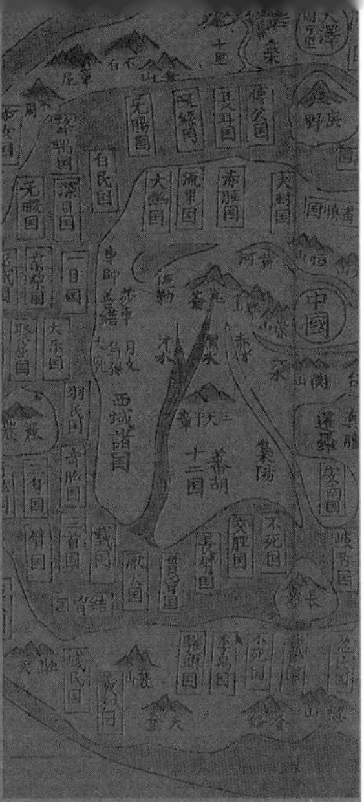

2

천하도 탄생의 미스터리

세계를 원형으로 보는 세계관은 다양한 문화권에서 확인할 수 있다. 고대 바빌로니아의 점토판 지도, 그리스의 지도, 중세 기독교적 세계관을 표현한 세계지도, 이슬람의 세계지도 등이 원형으로 세계를 표현했다. 원은 인간이 그릴 수 있는 가장 근원적이면서 기초적인 도형이기 때문에 세계를 원으로 상징하는 관점은 이와 같이 여러 문화권에서 광범하게 나타날 수 있다.

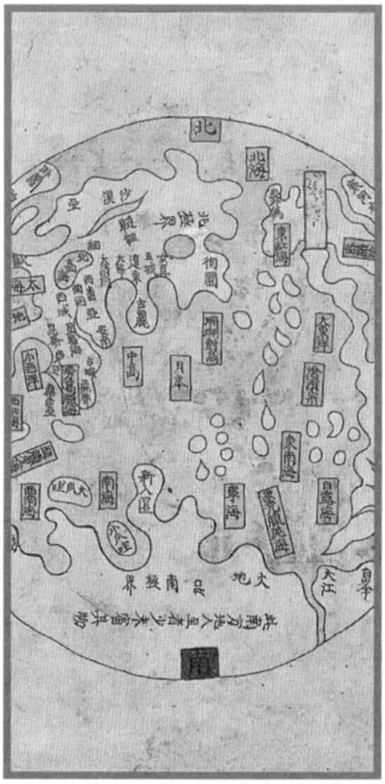
北
北海
沙漠
狗國
女直
遼東
高麗
日本
南海
東南海
大江

천하도의 제작자와 제작 시기

그렇다면 이와 같이 독특한 형태와 내용을 지닌 천하도는 언제 누가 만들었을까? 이에 대한 정확한 답은 아직 존재하지 않는다. 천하도의 최초 제작에 관한 기록이 현재까지 발견되지 않았기 때문이다. 따라서 다양한 자료를 근거로 추정해볼 수밖에 없다.

제작 시기는 현존 사본寫本의 분석 결과로 볼 때 17세기 이후라는 설이 유력하다. 앞에서 언급했듯이 천하도는 낱장으로 되어 있는 경우가 매우 드물고 대부분이 조선전도, 도별지도, 외국지도 등의 다른 지도와 함께 첩 또는 책으로 구성되어 있다. 천하도가 수록된 지도책(첩)은 그 수가 매우 많고 종류도 다양하다.[5] 채색필사본도 있지만 목판본으로 제작된 것도 여러 종 남아 있다.

천하도의 지명은 대부분 11세기 이전의 저작에서 보이기 때문에 천하도 자체의 정확한 제작 시기를 파악하기란 쉽지 않다. 따라서 지도첩에 수록된 다른 지도의 지명 분석을 통해 먼저 지도첩의 제작 시기를 추정하고 이를 토대로 천하도의 제작 시기를 대략 추정할 수밖에 없다. 가장 일반적인 방법은 조선전도나 도별지도에 수록된 군현郡縣 명칭을 통해 지도첩의 제작 시기를 추정하는 것이다. 아래 표는 천하도가 수록된 지도첩 중에서 목판본만을 계통적으로 분류하여 제작 시기를 비교한 것이다. 표에서 알 수 있듯이 대부분의 목판본 천하도는 17~19세기에 걸쳐 제작되었는데, 필사본 천하도도 여기서 크게 벗어나지 않는다.[6]

[표 1] 목판본 천하도의 제작 시기

분 류		간행년	특 징
17세기 계열	甲	17세기 후반	천하도에 주기 없음. 바다는 흰색. 〈팔도총도八道總圖〉 없음.
	乙		위와 같음.
	丙		천하도에 주기 없음. 바다에 물결무늬. 〈팔도총도〉 있음.
	丁		지도책 형식이 아니라 〈팔도총도〉와 함께 낱장으로 되어 있음. 〈팔도총도〉는 〈동람도東覽圖〉식이 아님.
18세기 계열	甲	18세기 중반	천하도에 81국(國) 표기. 중국과 조선전도에 장문의 설명문 수록.
	乙		천하도에 81국 표기. 중국과 조선전도에 장문의 설명문 수록. 조선전도에 경성(京城)에 대한 설명문 추가.
부운묵객 계열		1767~1777	외해의 외곽에 지명이 표기됨. 판목 2개가 1개의 도엽을 구성.
팔각형 천하도 계열		18세기 후반	〈천하총도天下總圖〉의 외형이 팔각형. 바다는 흑색. 천하도는 1684년에 제작됨.
여온 계열	甲	1849	조령신간(鳥嶺新刊)본
	乙		내제(內題)는 〈동국여지도東國輿地圖〉. 바다는 흑색. 내오악, 외오악의 주기가 기재됨.
경위선이 기입된 계열		19세기 전반	천하도에 경위선이 있고 도별도에는 28수의 별자리가 배치됨.

이렇듯 천하도는 17세기 이후 조선에서 제작된 것으로 볼 수 있으나 제작자에 대해서는 알려진 것이 전혀 없다. 일부 천하도에 '부운묵객판사浮雲墨客板寫'와 같은 표기가 있으나 부운묵객이 구체적으로 누구인지는 알 수 없다. 또한 하남河南 여온呂溫, 771~811의 서문이 있는 『여지도輿地圖』에도 천하도가 수록되어 있으나 서문을 쓴 여온은 조선인이 아니라 중국 당나라

부운묵객 제작 목판본 천하도

때의 문신이다. 현재로서는 천하도의 원제작자를 파악하기 힘들다. 다만 17세기 무렵 조선의 지식인 가운데 『산해경山海經』 같은 고전과 이역異域에 대해 기술한 문헌에 해박했던 학자가 만들었을 것으로 추정된다.

천하도의 기원설

원형 천하도의 기원에 대해서는 다양한 이견이 존재하는데 크게 중국 기원설과 조선 기원설로 나눌 수 있다. 중국 기원설은 중국에서 제작된 것이 조선으로 유입되어 다시 필사, 제작되어 보급되었다는 것이다. 이는 한국의 사상, 종교, 학문 등이 역사적으로 볼 때 대부분 중국을 통해 유입되었다는 전파론적 사고에 무게를 둔 것이다. 반면에 조선 기원설은 전파론적 사고를 인정하면서도 문화의 변용을 더 강조한 것이다. 원형 천하도의 내용이 중국 고대 『산해경』을 비롯한 여러 문헌에서 볼 수 있는 것이라 할지라도 이들이 변용되어 원형 천하도라는 독특한 구조로 탄생한 곳은 중국이 아닌 조선이라는 사실을 부각한다.

중국 기원설을 주장한 대표적인 학자는 김양선, 나카무라 히로시中村拓, 노정식 등이다. 국내에서 일찍이 이 분야를 연구한 김양선은 원형 천하도가 중국에 기원을 둔 지도로 중국 고대 추연騶衍의 세계관을 표현하는 것이라 하여 '추연식 천하도'라 명명하기도 했다. 또한 중국에서 고려시대 혹은 그

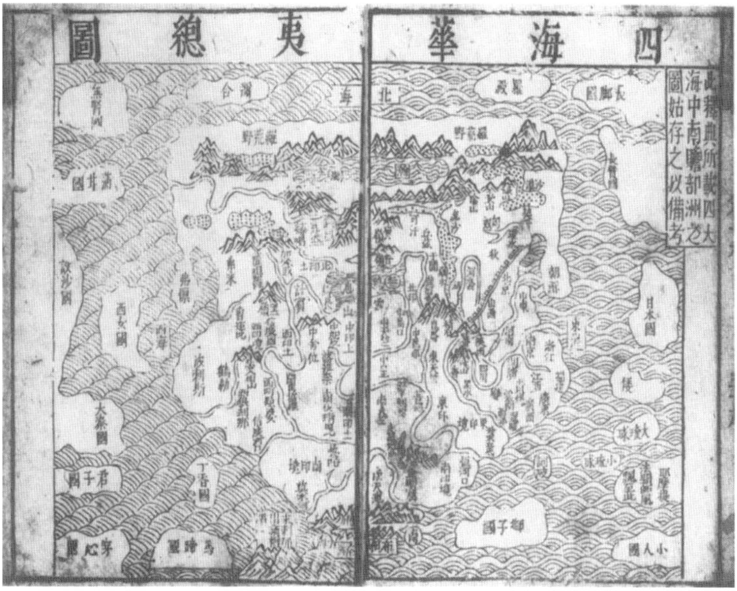

「도서편」에 수록된 〈사해화이총도〉

이전에 전래되었는데, 천하도에 수록된 유구, 안남국 등의 지명으로 보아 조선 초기에 다시 그려진 것으로 추정했다.[7]

천하도에 대해 최초로 방대한 연구를 수행한 나카무라는 현존하는 12개의 사본을 비교해볼 때 제작 시기가 최소한 16세기 이전으로 올라가지는 않는다고 했다. 그는 불교계 세계지도 〈천축국도天竺國圖〉에서 근원하여 장황章潢의 『도서편圖書編』에 수록된 불교계 세계지도 〈사해화이총도四海華夷總圖〉를 거쳐 원형 천하도로 발전했다고 주장했는데, 천하도의 중앙 대륙과 〈사해화이총도〉의 유사성을 중요한 근거로 제시했다. 그리하여 조선의 천하도는 당나라 이전 중국에 기원을 두고 있으며 같은 지도가 특정 시기에 조선으로 유입되어 16세기 인쇄술의 발달로 유행하게 된 것이라고 보았다.[8]

노정식은 김양선, 나카무라 등의 견해를 수용하는 입장을 취했는데, 원형 천하도가 비록 중국에서 발견되지 않고 있다 하더라도 도상적圖像的 특징이 〈사해화이총도〉 또는 T-O 지도와 매우 유사하고 내용도 『산해경』과 같은 중국의 전적典籍과 일치하며 도상적 설명도 추연에 의해 언급되고 있다는 점에서 한국인의 독창적인 작품으로 보기는 어렵다고 주장했다. 그는 중국에 전해진 T-O 지도에 중국인의 세계관 또는 불교적 상상이 결부되어 지도의 대체적인 윤곽이 잡히고 이것이 다시 한국에 유입되어 전사, 판각되면서 한국인의 취향에 따라 다소의 변화를 거친 것이라고 추정했다.[9]

조선 기원설을 주장한 학자로는 이찬, 전상운, 운노 가즈타카海野一隆, 레드야드Gari Ledyard, 배우성 등이 대표적이다. 이찬은 원형 천하도가 현재 한국에만 전한다는 점에서 나카무라 히로시의 중국 기원설을 부정했다. 또한 〈사해화이총도〉에서 원형 천하도의 기원을 찾는다는 것은 지나친 비약이며 이들 두 지도의 중간형을 아직 중국에서 찾아볼 수 없으므로, 오히려 한국인의 상상적 세계관으로서 오랫동안 수용되어온 점을 고려한다면 원형 천하도는 한국인이 만들어냈을 가능성이 크다고 주장했다.[10] 또한 원형 천하도가 추연의 세계관을 표현한 것이라는 김양선의 입론을 수용하면서도 조선에서 독자적으로 제작되었음을 강조했다.[11]

전상운은 나카무라의 입론과 같이 원형 천하도를 불교계 세계지도로 보았으며 원본은 15세기 이전에 제작된 것으로 보고 있다. 그리고 원형 천하도가 명明의 인조仁潮가 찬술한 『법계안립도法界安立圖』 중의 세계지도와 비슷하지만, 그보다 중세 유럽의 T-O 지도나 중세 아라비아의 윤상輪狀 지도의 영향을 받았다고 주장했다. 이는 『동국여지승람東國輿地勝覽』에 실려 있는 〈동람도東覽圖〉가 아라비아 지도 제작법의 영향을 받았다고 본 데서 연유한 것으로, 천하도가 실려 있는 대부분의 지도첩이 〈동람도〉와 매우 유사하기 때문에 이와 같이 추론한 것이다.[12]

윤노는 천하도에 대한 나카무라의 분석이 천하도 자체에 주목했기 때문에 천하도가 실려 있는 지도첩을 소홀히 다루었다고 비판하면서 여러 사본을 비교 분석하여 천하도의 제작 시기가 최소한 1666년 이후임을 밝혔다. 이러한 제작 시기의 추정을 통해 원형 천하도는 〈사해화이총도〉와 같은 불교식 세계지도보다 『삼재도회三才圖會』의 〈산해여지전도山海輿地全圖〉와 같은 단원형 서구식 세계지도의 영향을 받아 제작되었음을 지적했다. 동양에서는 원형으로 세계를 그리는 경우가 거의 없었기 때문이다. 특히 조선에서 그려진 〈산해여지전도〉는 제목이 '천하도'로 되어 있는 경우가 있어서 이러한 추론을 가능케 했다.

이러한 추론은 천하도의 형태에도 적용되어 천하도의 외대륙이 서구식 세계지도에서 구부러진 형태로 묘사된 여러 대륙으로부터 구성된 것으로 보았다. 그러나 원형 천하도의 내용은 서구식 세계지도와 달리 완전히 전통적인 지리 지식으로 채워져 있다는 점을 들어, 결국 천하도는 서양의 세계

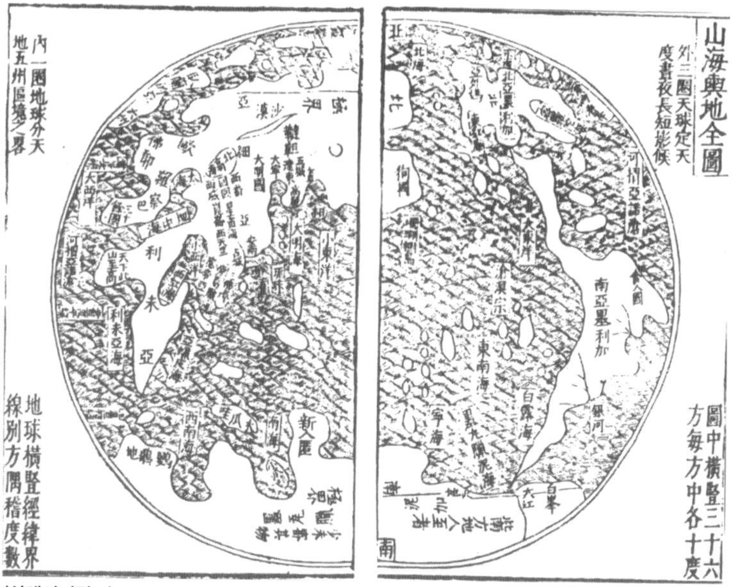

〈산해여지전도〉

지도에 대한 저항의식으로 17세기 후반에 도교적, 신선적 세계상을 도형화한 것이라 주장했다.[13] 운노의 주장은 기존 연구에서 천하도의 형태적 분석에 머물지 않고 천하도가 출현하게 되는 사회적, 시대적 배경을 본격적으로 검토했다는 점에서 의의가 있다.

1994년 시카고 대학 출판부에서 간행된 『지도학의 역사*The History of Cartography*』에서 한국편을 집필한 레드야드도 원형 천하도가 불교식 세계지도인 〈사해화이총도〉에서 기원한다는 나카무라의 주장을, 천하도에는 불교와 관련된 내용이 거의 없고 조선시대 유학자들은 불교를 배척했다는 점

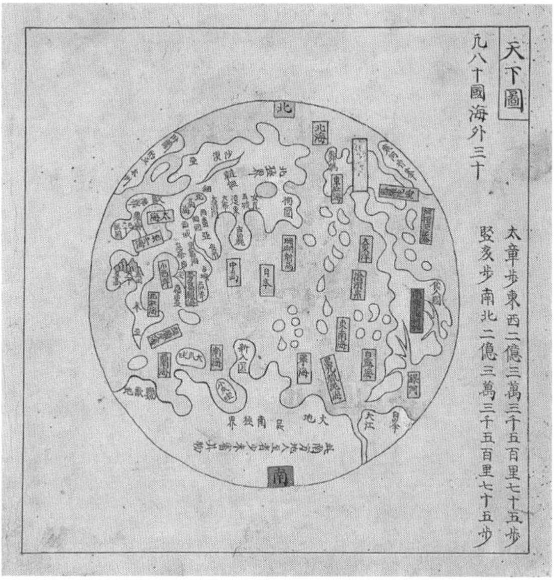

천하도라 표기된 〈산해여지전도〉

을 들어 반박했다. 또한 천하도의 지명을 분석한 결과 천하도는 『산해경』을 바탕으로 제작되었고 구조상으로는 추연의 세계관과 매우 흡사하다는 점을 지적했다. 특히 그는 천하도의 내대륙의 형상이 조선 전기 〈혼일강리역대국도지도混一疆理歷代國都之圖〉에서 진화한 것이라는 매우 흥미 있는 주장을 펴기도 했다. 그는 덴리天理 대학 소장 〈혼일강리역대국도지도〉는 대륙의 북쪽도 바다로 둘러싸여 있는 점에 착안하여, 이 유형의 지도가 후대에 계속 제작되는 과정에서 조선에서는 생소한 아프리카나 유럽 대륙이 변형되어 천하도의 내대륙이 되었다고 주장했다. 즉, 천하도의 내대륙에서 곤륜산 남

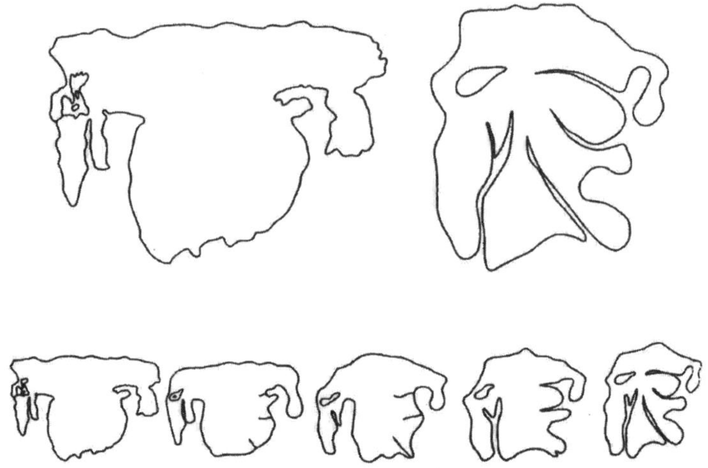

레드야드가 제시한 내대륙의 진화 과정

쪽 삼각형 반도 지역, 그리고 대륙 북서쪽의 호수를 단서로 제시했는데, 흑수黑水와 양수洋水 사이의 삼각형 반도는 아프리카 대륙이 중국 쪽으로 바짝 붙으면서 아라비아 반도가 변형된 것이고 서북쪽의 호수는 지중해와 흑해의 흔적이라 보았다.[14] 그러나 이러한 대범한 주장은 지나치게 형태적인 측면에 치중한 분석으로, 〈혼일강리역대국도지도〉와 원형 천하도의 중간형에 해당하는 지도가 거의 없다는 점을 감안하면 수긍하기 힘들다. 특히 국가적 차원에서 만들어진 〈혼일강리역대국도지도〉 계열의 지도와 민간에서 제작되고 유포된 원형 천하도는 제작 동기와 열람 범위 등에 현격한 차이가 있어 직접적인 연관을 생각하기 어렵다.[15] 이와 아울러 그의 연구에서는 원형의 천하도가 출현하게 된 이유와 그 속에 담긴 의미에 대한 자세한 언급이 없다.

배우성은 원형의 천하도에 대한 상세한 분석을 시도했는데 운노처럼 서구식 세계지도의 영향을 인정하면서도 그와는 다른 주장을 펴고 있어 눈길을 끈다. 배우성은 원형 천하도의 윤곽과 이미지는 반反서학적 분위기의 산물이 아니라 서구식 세계지도 가운데서도 단원형 세계지도로부터 직접 기원한 것으로서, 결국 천하도는 단원형 세계지도에 대한 조선적 해석의 산물이며 조선 후기 지식인들을 대상으로 한 일종의 안내서라고 결론짓는다. 천하도는 동양 고전으로부터 유추될 수 있는 세계 구성 위에 일월日月의 출입처를 적절하게 배치함으로써 만들어졌는데, 전체적인 구도는 단원형 세계지도에 뿌리를 두고 있다는 것이다. 특히 천하도를 그릴 때의 기준은 육로로 도달할 수 있는가 여부로, 육로로 도달할 수 있는 구대륙은 천하도의 중앙 대륙이 되고, 바다 건너 신대륙 남북 아메리카는 천하도의 외대륙이 되었다는, 형태적 측면에서의 직접적인 관련을 주장했다.[16]

배우성의 연구는 조선 후기 사상사의 흐름 속에서 천하도의 발생과 기원 등을 다뤘다는 점에서 천하도 연구의 지평을 넓힌 것으로 평가된다. 그러나 서구식 세계지도와 원형 천하도는 구조와 형태에서 커다란 차이를 보이고, 단원형 서구식 세계지도의 영향을 인정할 만한 내용을 원형 천하도에서 찾아보기 어렵다는 점에서, 여전히 풀리지 않는 문제를 지니고 있다. 특히 운노가 단원형 세계지도로 언급했던 『월령광의月令廣義』『삼재도회』 등에 실린 원형의 〈산해여지전도〉뿐만 아니라 마테오 리치Matteo Ricci, 알레니Giulio Aleni 등의 타원형 세계지도도 단원형 세계지도로 보고 있는데, 타원형의 이미지가 어떻게 원형으로 이어질 수 있는지에 대해서는 명확히 해명되어 있지 않다.

다양한 문화권의 원형 세계지도

천하도는 사람의 옆모습과 같은 형상을 하고 있는 내대륙과 그 주변을 둘러싸는 내해, 고리형의 외대륙과 그 바깥을 둘러싸는 외해의 구조로 이루어져 있다. 전체의 모습은 마치 메달에 그려진 사람의 모습 같기도 하고[17] 수레바퀴의 모습과 같아서 차륜형車輪形 지도라 불리기도 한다.[18] 세계를 원형으로 보는 세계관은 다양한 문화권에서 확인할 수 있다. 고대 바빌로니아의 점토판 지도, 그리스의 지도, 중세 기독교적 세계관을 표현한 세계지도, 이슬람의 세계지도 등이 원형으로 세계를 표현했다. 원은 인간이 그릴 수 있는 가장 근원적이면서 기초적인 도형이기 때문에 세계를 원으로 상정하는 관점은 이와 같이 여러 문화권에서 광범하게 나타날 수 있다.

바빌로니아에서 기원전 600년경에 제작된 점토판 지도는 세계를 원형으로 표현한 초창기 사례다. 지도는 중앙의 원반, 그 바깥을 둘러싸는 동심원의 띠 그리고 그 바깥쪽에 일정한 간격을 두고 늘어선 돌기 모양의 이등변

고대 바빌로니아의 점토판 지도. 영국박물관 소장

삼각형으로 구성되어 있다. 중앙의 원반은 육지, 동심원의 띠는 육지를 둘러싸고 있는 환해環海, 돌기 모양의 삼각형은 환해 저편의 가상세계를 가리키는 것으로 이해된다. '원반 모양의 대지를 소금바다가 둘러싸고 있다'는 메소포타미아의 전통적 세계관에 따라 제작된 세계지도인 것이다.[19]

이러한 세계관은 고대 그리스에도 전해졌다. 초기 그리스인의 세계 인식을 엿볼 수 있는 호메로스의 서사시에서는 세계 대륙의 주위를 오케아노스 Okeanos라 불리는 커다란 환류還流가 둘러싸고 있으며 평탄하고 쟁반같이 넓은 대륙을 하늘이 철종鐵鍾처럼 덮고 있다고 묘사했다. 밀레토스학파의

창시자인 탈레스는 지구의 위치와 특성에 관해 사고한 그리스 최초의 철학자인데, 그는 지구를 물 위에 떠 있는 원반으로 생각했다.

중세 서양의 종교적 세계관이 반영된 T-O 지도는 세계를 원형으로 표현한 대표적인 지도다. O는 세계를 둘러싸고 있는 큰 바다 오케아노스를 나타낸다. 세계의 육지는 아시아, 유럽, 아프리카로 나뉘고, 낙원이 있다는 동쪽을 위에 놓음으로써 아시아가 지도의 상반부에 배치된다. T의 가로축은 아시아와 유럽 및 아프리카의 경계를 이루는 타나이스 강(지금의 돈 강)과 나일 강이며, 세로축은 유럽과 아프리카의 경계인 지중해를 나타낸다. 지도의 중심에는 성지 예루살렘이 위치한다.

이와 더불어 중세의 대표적인 세계지도Mappa Mundi인 헤리퍼드 지도Hereford Map 또한 세계를 원형으로 그려 성경의 세계관을 표현하기도 했다.[20] 헤리퍼드 지도는 T-O 지도처럼 세 대륙을 바다가 둘러싼 구도로 되어 있다. 지도의 위쪽에 '최후의 심판' 그림이 그려져 있고 낙원이 위치한 동쪽이 지도의 상단을 이룬다. 지도의 중앙에는 예루살렘이 있고 서쪽 끝으로부터 L자형으로 만입된 지중해와 남동쪽으로 만입하는 홍해와 페르시아 만이 나타나 있다. 이 지도는 성경에 수록된 사항이나 지형물을 표현하려 했기 때문에 육지의 형상, 하천의 수로, 도시의 위치 등은 상대적으로 부정확하다.

이슬람에서 제작된 중세의 세계지도도 원형이 주를 이룬다. 그러나 이슬람의 세계지도는 중세 유럽의 세계지도와 본질적인 차이가 있다. 즉, 기독

중세의 T-O 지도. 미국 뉴베리 도서관 소장

교적 세계관을 표현한 중세 유럽의 원형지도에서는 세계를 평평한 대지로 본 반면, 이슬람에서 제작된 세계지도는 고대 그리스, 로마의 전통을 이어받아 땅을 둥근 지구로 보았던 것이다. 대표적인 것은 1154년 이드리시al-Idrîsi의 원형 세계지도다. 이드리시의 세계지도는 기본적으로 프톨레마이오스Ptolemaios의 전통을 계승하여 9개의 위선(클리마타Climata), 11개의 경선을 기입했지만 투영법과 같은 개념은 아니고 오히려 중국의 방격方格과 유사하다. 7개의 기후대氣候帶로 구분하고 10도 간격의 위선으로 나누었지만

헤리퍼드 지도. 영국 헤리퍼드 대성당 소장

각 위선의 간격은 일정하지 않다. 그러나 프톨레마이오스의 지도와는 달리 인도양이 내해가 아니고 카스피 해도 만灣이 아님을 밝힌 것은 진전된 부분이다.

이처럼 세계를 원형으로 표현한 지도는 서양을 비롯하여 이슬람 세계, 심지어 인도에서도 볼 수 있는데 중국 문화권에 속하는 동아시아에서는 찾아보기 힘들다. 특히 내대륙, 내해, 외대륙, 외해의 독특한 구조를 지닌 원형의 세계지도는 조선 이외의 다른 곳에서는 발견되지 않고 있다. 다른 문화

이드리시의 원형 세계지도(1154년본의 사본). 영국 옥스퍼드 대학 보들리언 도서관 소장

권에서 볼 수 있는 대부분의 원형 세계지도는 대륙과 그것을 둘러싸는 해양으로 이루어져 있다. 이러한 구조적인 차이 때문에 원형 천하도의 기원을 T-O 지도와 같은 서양의 원형 세계지도에 두는 것은 거의 불가능하다. 또한 서양 또는 이슬람 세계의 원형 세계지도가 이 시기 조선으로 유입되어 원형 천하도의 출현에 영향을 주었다고 보기도 어렵다. 시간적, 공간적 차

이가 매우 크고 두 지도가 표현하는 지리적 세계에도 질적인 차이가 있기 때문이다.

천하도 탄생의 지도사적 배경

그렇다면 왜 하필 17세기 이후 조선에서 원형 천하도가 출현했을까? 원형 천하도에 실려 있는 내용은 대부분 그 이전 시기 『산해경』을 비롯한 각종 전적에서 볼 수 있는 것들이다. 즉, 원형 천하도가 보여주는 세계는 17세기 당시 변화된 모습이 아니라 15, 16세기에도 적용될 수 있는 과거형의 것이다. 그런데 천하도가 15세기나 16세기에 제작되지 않고 17세기 이후에 제작된 이유는 무엇일까? 15세기나 16세기에도 원형 천하도가 제작되었는데 후대에 유실되어 현재는 17세기 이후의 것만 남았다는 것도 하나의 가능성으로 제시될 수 있다. 그러나 15, 16세기의 전체적인 지도 제작과 이용 문화를 토대로 판단했을 때 이러한 가능성은 매우 희박하다.

앞서 언급한 것처럼 원형 천하도는 단독으로 존재하는 것은 거의 없고 대부분 지도첩이나 지도책의 맨 앞머리에 삽입되어 있다. 이는 천하도의 출현 자체가 지도 양식의 변화와 밀접한 관련이 있음을 말해주는 것이다. 조선 전기에 양성지梁誠之가 강조했듯이 서적과 달리 지도는 원칙적으로 사장私藏이 금지된 물건이었다.[21] 그러나 사장 금지책이 법조항으로 명문화되어 있지도 않았고 양대 전란을 겪으면서 국가의 통제가 느슨해짐에 따라 지도의 사장 금지책은 현실적인 효력을 상실하게 되었다. 두 차례의 전란은 16세기까지 지역적 정착성에 기초한 사회적 안정을 무너뜨렸고 이로 말미암아 조선 후기에는 전기에 비해 지역적 이동성이 증가했다. 이후 상업과 교역, 여행을 통한 지역 간 교류가 활발해지면서 지도에 대한 민간의 수요도 높아졌고, 이에 따라 민간에서 사적인 지도 제작 또한 활발히 진행될 수 있었다. 이러한 연유로 조선 후기에 김정호金正浩가 『청구도靑邱圖』에서 언급했던 황엽黃燁, 윤영尹鍈, 정철조鄭喆祚[22]와 더불어 〈동국지도東國地圖〉를 제작한 정상기鄭尙驥 같은 뛰어난 지도학자들이 민간에서 나올 수 있었던 것이다.

이러한 사회적 변화 속에서 지도의 양식도 전기와는 다른 양상을 띠게 되었다. 지도가 첩 또는 책의 형태로 제작되기 시작한 것이다. 이전 시기의 지도는 주로 단독의 축軸이나 족자簇子 형태로 제작되는 경우가 많았지만, 17세기 이후로는 서양의 아틀라스atlas와 같은 형태로 여러 장의 지도가 수록된 책이나 첩으로 만들어졌다. 물론 이전 시기에도 지도첩의 형태가 없었던 것은 아니지만 대개 팔도의 도별지도를 모아 수록하는 정도였다. 그러나 이 시기에는 지도첩, 지도책에 조선전도와 도별지도뿐만 아니라 외국지도, 도성도, 그리고 천하도를 포함하여 여러 장르의 지도를 수록했다. 이러한 지도 양식의 변화는 지도가 특권 계층의 전유물에서 점차 대중화된 상황을 반영한다.

천하도 탄생의 문명사적 배경

천하도의 등장은 이러한 지도사적 배경과 밀접한 관련을 지니고 있지만 천하도가 출현한 보다 더 직접적인 원인은 내부보다는 외부에서 주어졌다. 이전 시기에는 전혀 볼 수 없었던 새로운 세계지도의 출현은 세계 인식의 변화 없이는 거의 불가능한 일이다. 더구나 민간을 중심으로 광범하게 제작되면서 19세기 말까지 계속 이어져내려갔던 원형 천하도의 경우는 더욱 그러하다. 그러나 16세기에서 17세기로 넘어가며 지리적 세계에 대한 인식에서 내부적으로 발생한 뚜렷한 변화는 찾아볼 수 없다. 조선은 여전히 주자 성리학이 사회 운영의 지배 원리였다. 성리학적 세계 인식과는 다른 차원의 원형 천하도가 출현했다면 최소한 사회의 상부구조를 형성하는 이념적인 면에서 변화가 있어야 한다. 원형 천하도에는 유교 경전에서 볼 수 없는 각종 지명이 수록되어 있는데, 『산해경』이나 일부 도교 관련 서적에서 보이는 지명, 신선사상과 관련된 지명 등이 대표적이다. 그러나 이념적으로 조선 사회에서 도교나 신선사상의 비약적 성장은 눈에 띄지 않는다. 오히려 주자 성리학의 지배 구조가 더욱 강화되는 형국이었다. 따라서 조선 내부의 변화보다는 외부의 자극에서 그 원인을 찾을 수밖에 없는데, 그것은 바로 중국을 통해 들어온 서양의 지리 지식이었다.

앞서 검토한 것처럼 조선은 중국을 통해 서양의 지리 지식을 접하게 되었다. 17세기 초반부터 〈곤여만국전도坤輿萬國全圖〉와 같은 서구식 세계지도와 더불어 『직방외기職方外紀』 『곤여도설坤輿圖說』 등의 지리서가 도입되어 지식인들에게 서서히 영향을 미치기 시작했다. 물론 처음부터 서구식 세계지도가 보여주는 세계상을 그대로 받아들일 수는 없었다. 그러나 시간이 지남에 따라 천문, 역법을 비롯한 서학의 우수성이 인정되면서 서구식 세계지도가 보여주는 이미지도 황당한 것이 아니라 다분히 사실에 근거한 것임을 깨닫게 되었다. 서양 선교사들이 중국에서 활약하고 있던 사실 자체만으로도 구라파歐羅巴라는 지역이 실제로 존재한다는 것을 믿게 되었다. 땅이 둥글다는 지구구체설을 수용하는 단계에는 이르지 못했더라도 인식된 세계는 크게 확대되었다. 그리하여 중국이 대부분을 차지하면서 하나의 대륙으로 구성된 전통적인 세계의 틀로는 다섯 개의 큰 대륙으로 구성된 새로운 세계를 설명하는 데 한계를 지닐 수밖에 없었다.

이러한 상황에서 학자들의 관심을 끌었던 것은 『회남자淮南子』 『산해경』 등 중국 고대의 고전들과 추연이 제시한 세계상이었다. 여기에는 중국 중심의 직방세계職方世界를 훨씬 뛰어넘는 세계에 대한 기술이 수록되어 있었다. 직방세계는 중국과 그 주변의 조공국으로 이루어진 세계이다. 중화적 세계인식을 바탕에 깔고 있는 유학에서는 중국을 중심으로 한 직방세계가 천하로 인정되었다. 이에 따라 세계지도도 중국과 그 주변의 조공국을 표시한 것이 일반형으로 받아들여졌다. 성리학적 이념을 담고 있는 중국 중심의 세계지도와 유교의 경전으로는 확대된 세계 인식을 도저히 담아낼 수 없었다. 이러한 이유에서 『회남자』 『산해경』 등의 고전과 추연의 대구주설大九州說,

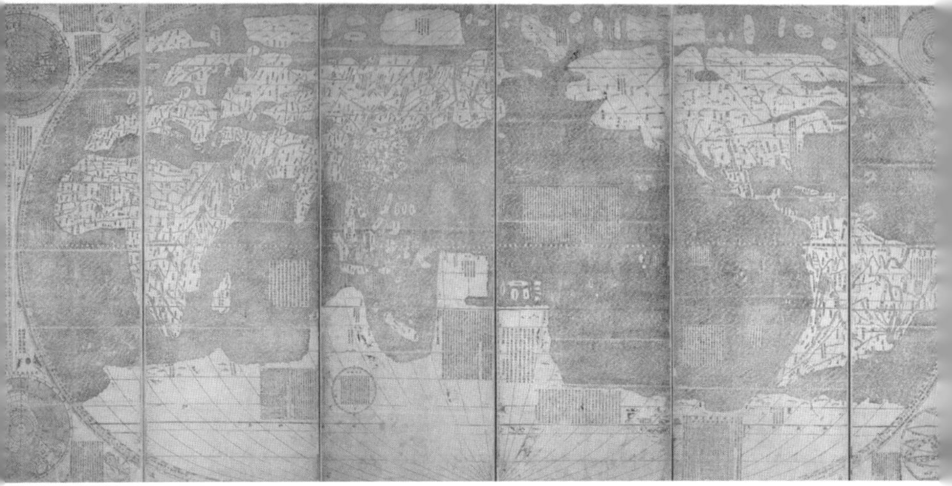

마테오 리치의 1602년판 〈곤여만국전도〉. 일본 미야기 현립도서관 소장

불가의 사대주설四大洲說 등에 관심을 기울이게 된 것이다.[23]

일찍이 중국의 진조수陳祖綬는 〈곤여만국전도〉에서 제시하는 서양의 지리 지식을 고대의 추연이나 『회남자』에 나오는 수해豎亥가 제시한 것과 같은 부류로 치부하여 이단시했다. 수해는 우禹의 명을 받아 북극에서 남극까지 걸어 그 거리를 쟀던 인물로[24] 천지의 규모를 말할 때 수사적으로 언급되곤 했다. 지도 제작에 각별한 관심이 있었던 이이명李頤命도 서구식 세계지도에 수록된 지구설을 어구禦寇의 십주설十洲說, 불가의 사대주설과 유사한 것으로 보았다.[25] 직방세계를 훨씬 뛰어넘는 범위를 표현한 서구식 세계지도는 유교적 세계 인식으로는 이해하기 힘들었던 것이다.

존아적尊我的 소화의식小華意識을 지녔던 이종휘李種徽는 마테오 리치의 세계지도를 추연의 대구주설과 직접 연결한 대표적인 인물이다.[26] 그는 서구식 세계지도의 소양해小洋海를 비해裨海에, 대양해大洋海를 영해瀛海에 대응시켜 해석했다. 또한 추연의 대구주설과는 다르게 서구식 세계지도에 6대륙이 그려진 것은 마테오 리치가 천하의 9대륙을 다 보지 못했기 때문이라며 통상적인 유학자와는 달리 추연의 세계관을 사실에 기초한 것으로 받아들였다. 다만 추연이 죽은 지 2000년이 지나 그 학문이 이어지지 못했을 뿐이라고 했다.[27] 이처럼 지리적 중화관에서 탈피하고 있었던 학자에게 추연의 세계관이 적극적으로 해석되기도 했다.

『흠영欽英』의 저자 유만주兪晩柱는 서구식 세계지도를 통해 지리적 인식을 확대할 수 있었으며 그 결과 바다의 중요성을 깨닫는 한편, 해외 제국諸國과 중국 주변의 제민족에 대해 지속적인 관심을 쏟았던 인물이다. 외국에 대한 이러한 관심은 흥미롭게도 『산해경』에 대한 애호로 연결되었다.[28] 당시 대부분의 유학자들에 의해 이서異書로 평가받던 『산해경』을 그는 다음과 같이 과감하게 인정했다.

> 옛날에 대우大禹의 치수治水는 용사龍蛇를 이끌고 오곡을 뿌리며 지나는 곳의 산천, 초목, 금수 등을 기록했는데 후세에 그를 전하여 『산해경』으로 삼았다. 저 진한秦漢 이래로는 홍수가 없어서 백성들이 한 지역에 안주하여 항상 보는 것에 괴이한 것이 없었다. 볼 수 없는 것을 괴이하다 하여 『산

해경』을 이상히 여기는 것은 높이는 것을 모르는 것이다. 태사공이 말하기를, "『산해경』에 있는 괴물은 논하고 싶지 않지만 괴이히 여기지도 않는다" 고 했다. 천지가 생긴 지는 오래되었다. 원기가 흘러다녀 만물이 갖춰지는데 『산해경』에 실려 있는 것은 모두 이러한 것이다. 어찌 괴이하다 하겠는가? 인간이 스스로 다 볼 수 없을 뿐이다. 땅의 끝은 오직 하늘이 궁구할 수 있고 사람은 할 수 없다. 그러므로 중화의 서하객徐霞客과 서양의 이마두利瑪竇도 다 볼 수 없었다. 하물며 족적이 방내邦內에 한정된 사람은 어떠하겠는가?[29]

이처럼 그의 세계 인식은 서양 지리 지식의 영향으로 인간의 경험 세계를 넘어 미지의 세계까지 확대되면서 중국 고대의 『산해경』으로 연결되었다. 직방세계를 유일한 세계로 인정하기를 거부했던 유만주에게는 직방세계 이외의 다양한 지역이 기술된 『산해경』이야말로 그의 세계 인식을 충족시켜줄 중요한 텍스트였던 것이다.

위백규魏伯珪도 천하도의 기원, 성격과 관련하여 매우 중요한 단서를 제공해주고 있다. 위백규는 1770년 도해圖解의 형식을 갖춘 일종의 종합 지리책인 『환영지寰瀛誌』를 저술했는데,[30] 현재 1770년의 필사본과 1822년 족손族孫 위영복魏榮馥이 증보하여 간행한 목판본이 남아 있다. 『환영지』의 필사본은 목차에 '비해구주외우구구제유지설유소시수이마두천하도裨海九州外又九九齊儒之說有所是受利瑪竇天下圖'라 하고 원형 천하도를 '이마두천하도利瑪竇天下圖'라는 제하에 수록했다. 후대의 목판본에는 목차에 '비해구주외우구구제유지설언소시수구구주裨海九州外又九九齊儒之說焉所是受九九州'라 표기되어 있지만 지도는 실려 있지 않다. 초기 필사본에서는 원형 천하도를 추연의 천하관과 연결했으나 마테오 리치가 그린 것으로 오인했다. 마테오 리치의 세계지도를 직접 열람하지 않고 오대주설과 같은 지리 지식을 소문으로만 접한 상태에서 원형 천하도를 그의 작품으로 보았던 것이다. 이후 그는 알레니의 『직방외기』 등의 서적을 접하고는 원형 천하도가 마테오 리치가 그린 것이 아니라는 사실을 깨닫고 이를 수정했다. 이때 터득한 지식을 바탕으로 지리적 세계를 모식적으로 그린 〈서양제국도西洋諸國圖〉와 세계 각국에 대해 간략하게 기술한 지지地誌적 내용을 덧붙이기도 했다.[31]

후기 목판본에는 원형 천하도가 누락되어 있지만 이를 설명한 부분이 수록되어 눈길을 끈다. 영결리永結利, 불랑기佛浪機 등의 서양 국명이 실려 있기도 하지만 대부분은 원형 천하도에 수록된 것들이다. 특히 『산해경』에 나오는 많은 지명이 간략한 설명과 함께 수록되어 있다. 이어 바다에 대한 부분에서는 추연의 대구주설을 천하도의 구도와 유사하게 해석했다. 즉, 중국 사방을 둘러싸는 바다를 비해裨海라 하고 그 외부로는 대륙이 감싸고 있으며 대륙의 밖은 대영해大瀛海가 둘러싸고 있는데 이곳이 땅의 끝이라 했다. 또한 서양인은 땅이 바다를 감싸고 있다 해서 중국 서남해를 지중해地中海라 하는데, 그 밖은 다시 환해寰海라는 바다가 땅을 감싸고 있는 구조로 추연의 설과 유사하다고 했다.[32] 이는 앞서 검토한 이종휘의 사례와는 달리, 추연의 대구주설을 아홉 대륙과 여든한 주州로 구성되어 있다는 사실보다는 비해-

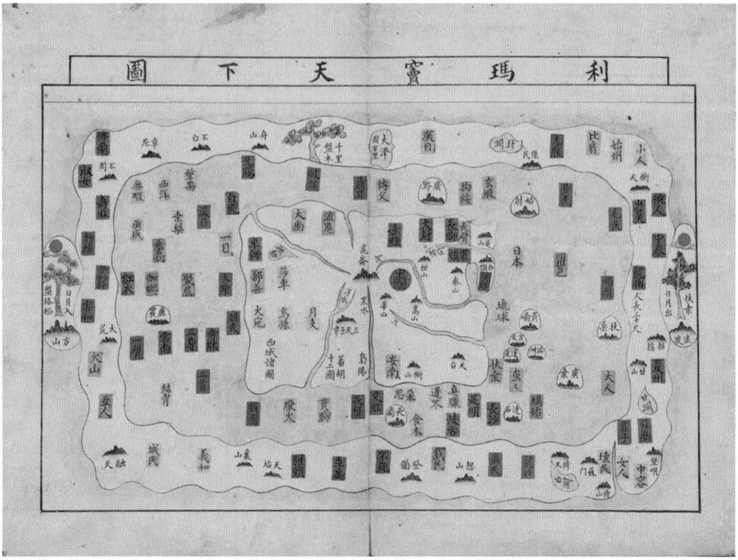

필사본 『환영지』에 수록된 천하도. 국립중앙박물관 소장

대영해 : 지중해-환해라는 동심원적 구조에 초점을 맞춰 해석한 것이다. 그리하여 원형 천하도를 추연의 대구주설과 바로 연결해 '구구주도九九州圖'라 명명할 수 있었다.

초기 필사본에서 원형 천하도를 마테오 리치의 지도로 본 점, 추연의 대구주설을 표현하는 것으로 파악한 점, 서구식 세계지도에 표현된 서양의 세계 인식을 추연의 대구주설과 유사하다고 한 점 등은 원형 천하도가 서구식 세계지도의 출현과 깊은 관계를 맺고 있음을 보여준다. 서구식 세계지도를 통해 확대된 세계 인식은 고대 추연의 천하관을 떠올리게 하며, 이는 다시 원형 천하도로 표현될 수 있음이 위백규의 사례에서 확인된다.

그렇다면 운노가 제기한 것처럼 원형 천하도는 서구식 세계지도에 대한 저항의식으로 제작되었을까? 즉, 서학西學이 세력을 확대해가는 과정에서 위기의식을 느낀 유학자가 반서학적 분위기에서 원형 천하도를 제작한 것은 아닐까? 서구식 세계지도가 보여주는 세계 인식도 그 기원이 중국에 있다는 중국 원류설의 입장에서 제작된 것은 아닐까? 물론 이러한 가능성을 완전히 배제할 수는 없다. 그러나 천하도가 태동한 17세기의 상황을 고려하면 이런 가능성은 다소 줄어든다.

17세기는 양대 전란을 겪으면서 사회 체제를 재정비한 시기였다. 병자호란의 치욕은 대명의리와 대청복수를 두 축으로 하는 주자성리학의 명분론이 대세를 이루는 데 커다란 역할을 했다. 중원의 변화를 조선은 예의 주시할 수밖에 없었는데 이는 국가의 안위와 관련된 중요한 문제였기 때문이다. 명청 교체기 혼란의 와중에도 사행을 통해 서양의 학문은 계속 조선으로 유입되어 서서히 영향력을 확대해나갔다. 그러나 앞서 살펴보았듯이 원형 천하도가 태동한 17세기 중반은 서학이 일부 선진적인 학자들을 중심으로 유포된 정도였을 뿐 결코 기존 성리학이 위기를 느낄 상황은 아니었다.

또한 반서학적 분위기에서 제작되었다면 원형 천하도가 지금과 같은 형태와 내용을 갖기는 어려웠을 것으로 보인다. 서양의 학문을 배격하고 기존의 성리학을 고수했다면 직방세계 중심의 전통적인 세계지도 또는 그와 유사한 형태의 지도가 더욱 유행했을 것이다. 중국의 경우 서구식 세계지도에 대한 저항 차원에서 제작된 1593년의 〈건곤만국전도고금인물사적乾坤萬國全圖古今人物事跡〉, 1644년의 〈천하구변분야인적노정전도天下九邊分野人跡路程全圖〉는 서구식 세계지도의 영향을 받았지만, 전체적인 구도는 직방세계를 그렸던 전통적인 세계지도의 성격을 강하게 띠고 있다.

서양의 지리 지식에 대항하여 성리학적 질서를 옹호하려는 의도에서 세계지도를 제작했다면 추연의 대구주설을 연상케 하는 구조를 띠면서, 이서로 취급되던 『산해경』에 나오는 지명들로 지도를 채울 수는 없었을 것이다. 위백규 같은 학자도 원형 천하도가 보여주는 지리적 세계를 바로 받아들이지 않고 다소 유보적인 태도를 취하는데[33] 다른 보통의 유학자들도 비슷했으리라 판단된다. 전통적으로 천하로 여겼던 직방세계와는 커다란 차이를 지니고 있기 때문이다.

아울러 서구식 세계지도가 보여주는 세계 인식도 그 뿌리는 중국에 있다는 중국 원류설의 입장에서 제작되었다면 이러한 흔적이 지도상에 반영되어야 하는데 원형 천하도에서는 이러한 흔적을 찾아보기 어렵다. 중국 원류설은 기본적으로 서양의 학문을 인정한 가운데 나온 것이기 때문에 서구식 세계지도가 보여주는 지리적 세계를 인정할 만한 내용이 있어야 하지만, 원형 천하도에서는 서양의 세계지도와 관련되는 어떠한 내용도 찾아보기 힘들다. 오히려 서양의 세계지도와는 전혀 다른 분위기를 느끼게 한다. 이러한 점을 고려할 때 원형 천하도는 반서학적 분위기 속에서 성리학적 질서를 고수하기 위해 제작되거나 중국 원류설의 입장에서 제작되었다기보다는 확

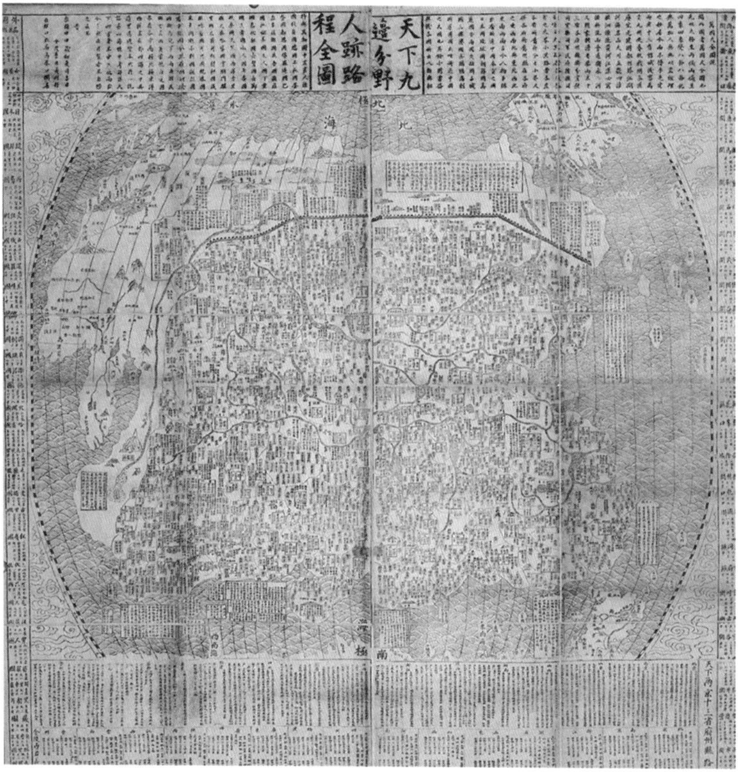

〈천하구변분야인적노정전도〉. 영국도서관 소장

장된 세계 인식을 담기 위한 새로운 지도로서 만들어졌다고 해야 할 것이다. 단지 이 지도를 만들기 위한 재료를 서양이 아닌 동양 전통 속에서 찾았을 뿐이다.

원형 천하도가 이 같은 시대적 조건과 배경에서 제작되었다 하더라도 그 기원을 어디에 둘 것인가의 문제는 여전히 남는다. 세계지도를 원형으로 그린 것은 동아시아의 전통에서는 매우 이례적인 일로서, 그 기원을 밝히는 것은 지도의 성격을 밝히기 위한 선결 과제이다. 최근의 연구들은 주로 서구식 세계지도의 영향을 인정하여 원형 천하도가 단원형 세계지도에서 직접 기원했다고 보고 있다. 운노는 『월령광의』『삼재도회』 등에 수록된 단원형 세계지도에 뿌리를 둔다고 보았고,[34] 배우성도 단원형 세계지도에서 기원하는 것으로 보지만 운노와는 달리 단원형 세계지도를 마테오 리치의 〈곤여만국전도〉, 알레니의 〈만국전도〉 등 동서 양반구도를 제외한 서구식 세계지도까지 포함하여 좀더 넓은 범위로 사용하고 있다.[35] 두 사람 모두 천하도의 형태적 기원을 서구식 세계지도에서 찾는 점은 동일하며, 서구식 세계지도에서 아시아, 아프리카, 유럽의 구대륙을 천하도의 내대륙에, 남북 아메리카 대륙을 천하도의 외대륙에 대응시키고 있다.

이와 같은 주장은 서구식 세계지도의 영향을 지나치게 강조한 나머지 형태적 유추로까지 나아간 것으로 보이는데, 원형 천하도와 〈곤여만국전도〉 같은 서구식 세계지도를 형태적 차원에서 엄밀하게 비교해보면 하나의 계통으로 파악할 만한 유사성은 크게 두드러지지 않는다. 특히 아메리카 대륙을 외대륙으로 유추한 것은 구한말 원형 천하도를 외국에 최초로 소개한 이익습의 주장과도 유사하다. 그러나 원형 천하도와 서구식 세계지도는 전체적인 구도뿐만 아니라 세부적인 형태에서도 크게 다르다. 원형 천하도가 서구식 세계지도에서 기원했다면 최소한 일부라도 형태적으로 유사해야 하는데 그런 부분은 찾기 어렵다. 더 나아가 지명과 같은 내용적인 면에서도 두 지도 사이에 일치하는 것이 있어야 하지만 서구식 세계지도에서 볼 수 있는 한역漢譯 지명이 원형 천하도에는 전혀 없다.

이러한 사실들을 고려할 때, 원형 천하도는 서구식 세계지도의 영향으로 인해 세계 인식이 확대된 사회적 배경에서 태동했지만, 서구식 세계지도를 원형 천하도 제작에 직접적으로 활용했다고는 보기 힘들다. 서구식 세계지도를 포함한 기존의 지도에서 직접 연유했다기보다는 오히려 세계상을 새롭게 만들어냈을 가능성이 더 크다. 이러한 문제는 원형 천하도의 형태와 내용을 분석해보면 좀더 명확해질 것이다.

혼일강리역대국도지도

1402년태종 2에 대사성 권근權近, 좌정승 김사형金士衡, 우정승 이무李茂, 검상檢詳 이회李薈가 만든 세계지도로, 현재 전하는 일본 류코쿠 대학 소장본은 15세기 후반에서 16세기 초반 사이에 다시 그린 것이다. '혼일강리역대국도지도混一疆理歷代國都之圖'라는 말 그대로 하나로 어우러진 땅(혼일강리), 곧 세계를 그린 것으로 각국의 역대 도읍지를 같이 그렸다. 지도에는 중앙에 중국이 자리하고 동쪽에 조선, 남쪽 바다에 일본이 위치하며 서쪽에는 아라비아반도, 아프리카, 유럽 대륙이 그려져 있다. 다소 왜곡된 형상을 띠지만 동서양을 막론하고 당시의 가장 뛰어난 세계지도로 평가된다. 특히 최근에는 아프리카 대륙의 온전한 모습을 그린 최초의 지도로 인정되고 있다.

지도 하단에 수록된 권근의 지문誌文을 보면, 〈혼일강리역대국도지도〉는 중국으로부터 수입한 두 장의 지도, 즉 이택민李澤民의 〈성교광피도聲敎廣被圖〉와 청준淸濬의 〈혼일강리도混一疆理圖〉를 기초로, 최신의 조선지도와 일본지도를 결합, 편집하여 만든 세계지도다. 〈성교광피도〉에는 중국 이외의 지역이 자세히 그려져 있고, 〈혼일강리도〉에는 중국 역대 왕조의 강역과 도읍이 상세히 수록되어 있다. 따라서 〈혼일강리역대국도지도〉의 유럽, 아프리카 부분은 〈성교광피도〉를 바탕으로 그렸다고 볼 수 있다.

이택민의 〈성교광피도〉는 현존하지 않기 때문에 구체적인 모습을 알 수 없지만, 중국 원나라 때 이슬람 지도학의 영향을 받아 제작된 지도로 추정된다. 중세 이슬람 사회에서는 넓은 사라센제국을 통치하기 위한 기초 자료의 확보, 성지 순례, 교역 등의 필요에서 지리학과 지도학이 발달했다. 지도학은 그리스시대의 선진적인 프톨레마이오스

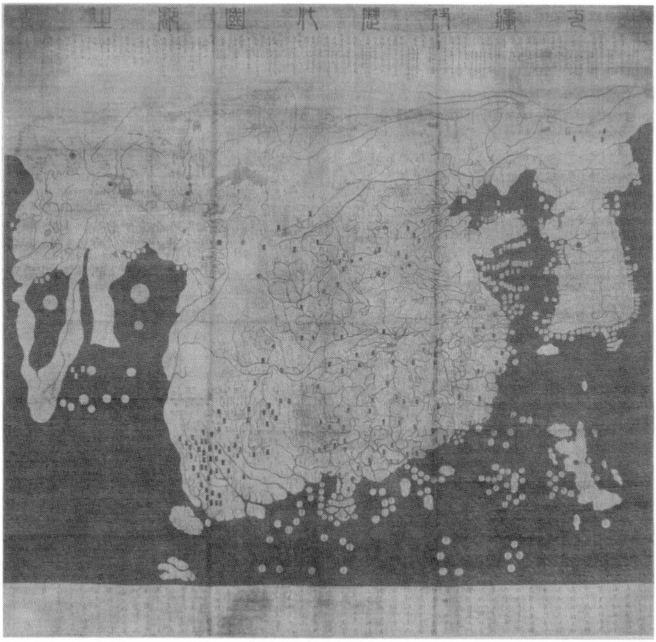

〈혼일강리역대국도지도〉. 일본 류코쿠 대학 소장

지도학을 계승하고 있었는데, 칼리프의 후원에 의해 그의 저서들이 번역되었다. 이드리시 같은 학자는 지구가 둥글다는 지구설地球說을 기초로 원형의 세계지도를 제작하기도 했다.

이러한 선진적인 이슬람 지도학은 동서 문화 교류에 의해 중국으로 전파되었고, 중국에서 다시 이택민 같은 학자에 의해 중국식 지도로 편집, 제작되었던 것이다. 따라서 〈혼일강리역대국도지도〉에 그려진 유럽과 아프리카의 모습은 중국을 거쳐 들어온 이슬람 지도학이 반영된 것이라 할 수 있다. 지도의 아프리카 부분에 그려진 나일 강의 모습과 지명들은 그 증거로 제시되고 있다.

〈혼일강리역대국도지도〉는 이슬람 지도학의 영향을 받아 제작되었지만 기본적으로 각각의 바탕에 깔린 세계관은 서로 다르다. 이슬람 지도학은 고대 그리스, 로마의 지도학을 계승한 것으로 땅은 둥글다는 지구설에 기초했다. 그러나 〈혼일강리역대국도지도〉는 여전히 '하늘은 둥글고 땅은 네모지다'라는 전통적 천원지방天圓地方의 천지관에 토대를 둔다. 일부 이슬람 지도에서 보이는 경위선의 흔적은 전혀 볼 수 없다. 지도의 형태도 원형이 아닌 사각형으로 그려져 있다.

아울러 〈혼일강리역대국도지도〉가 표현하는 세계는 여전히 중화적 세계관에 입각해 있다. 세계의 중심은 중국이고 조선은 중국 문화를 계승한 소중화小中華로 표상된다. 다만 16세기 이후 나타나는 경직된 대외 인식과 달리, 중화적 세계관에 기초하면서도 개방적으로 세계를 파악하고자 했던 의지가 지도에도 반영되어 문화적으로 다른 세계까지 자세히 그려낼 수 있었던 것이다. 결국 〈혼일강리역대국도지도〉는 문화적 자부심을 바탕으로 대륙과 해양을 향한 정보망을 구축하려 했던 조선의 의지가 반영된 세계지도라 할 수 있다.

곤여만국전도

예수회 소속 선교사 마테오 리치는 동방 전도를 목적으로 1582년 중국에 도착했다. 중국에 도착한 후 그는 서양의 과학 지식과 천주교의 교리를 담은 한역 서학서 간행에 심혈을 기울임과 동시에 세계지도의 제작에도 남다른 노력을 쏟았다. 서구식 세계지도는 중국이 전통적으로 지녀온 중화적 세계관에 충격을 줄 수 있는 중요한 수단으로 적극 활용되었다. 그가 제작한 세계지도는 10여 종이 넘는데, 1602년 북경에서 제작한 목판본 〈곤여만국전도〉가 대표적이다.

〈곤여만국전도〉는 세로 168센티미터, 가로 372센티미터 정도 크기의 6폭 병풍으로 제작된 대형 전도다. 중앙에 달걀 모양의 세계지도가 그려져 있고 그 주위에 지도 이해를 돕기 위한 각종 지도와 그림, 천문학적 주기 등이 수록되어 있다. 지명뿐만 아니라 여러 지지적地誌的 기술을 수록하여 지도와 지지를 결합한 양식을 보여준다.

세계지도 주변으로 〈북반구도〉 〈남반구도〉 〈구중천도〉 〈천지의〉 등의 그림과 더불어 〈일식도〉 〈월식도〉 등 다양한 지도와 그림이 수록되어 있다. 또한 각종 설명을 포함하는데 제1폭에는 일명 「지구도설」이라는 천지에 대한 설명문이 있고 제6폭에는 지구와 〈구중천도〉에 대한 기술이 수록되어 있다. 그 밖에 일월식도에 대한 설명, 남북 양반구도에 대한 설명, '논일월리지지원근論日月離地之遠近' '간북극법看北極法'과 더불어 '태양출입太陽出入 적도위도' '총론횡도리분總論橫度里分' 등이 표로 정리되어 있고, 『사행론략四行論略』 『원사元史』 등지에서 인용한 문장도 수록되어 있다. 지도의 권위를 높이기 위해 당시 이 지도 작성에 협력한 학자들의 서문, 발문도 빼곡하게 수록했

1708년 조선에서 제작된 〈곤여만국전도〉. 서울대학교 박물관 소장

는데, 이지조李之藻, 오중명吳中明, 진민지陳民志, 양경순楊景淳, 기광종祁光宗 등이 작성한 문장이 보인다. 주요 국가들 옆에는 각종 사서史書, 지지서地志書 등을 참고하여 간단한 설명을 붙이기도 했다. 대형 세계전도로서 지리뿐만 아니라 천문, 역법 등에 관한 방대한 내용을 수록했으며, 이는 이전의 전통적인 세계지도에서는 볼 수 없는 새로운 것이었다.

이처럼 〈곤여만국전도〉에는 대항해시대 이후 축적된 지리 지식과 르네상스시대 이후 비약적으로 발전한 지도학의 성과가 반영되어 있다. 이 지도의 전체적인 윤곽과 내용 등을 토대로 볼 때 지도 제작에 기초가 되었던 자료는 1569년 메르카토르Gerardus Mercator의 세계지도, 1570년에 간행된 오르텔리우스Abraham Ortelius의 『세계의 무대*Theatrum Orbis Terrarum*』에 실린 〈세계지도Typus Orbis Terrarum〉, 플란치우스Petrus Plancius가 1592년에 제작한 대형 세계지도 등이다. 실제로 그는 중국에 올 때 1569년 메르카토르의 세계지도와 1570년 오르텔리우스의 세계지도, 위도 계산용 표가 실린 클라비우스Christopher Clavius의 『천구론』, 피콜로미니Alessandro Piccolomini의 『지구론』 등을 소지하고 있었는데, 지도 제작시 기초자료로 활용했던 것으로 보인다.

투영법은 1570년 간행 오르텔리우스의 『세계의 무대』에 수록된 〈세계지도〉처럼 보르도네Benedetto Bordone 난형도법卵形圖法을 따르고 있다. 경도와 위도를 각각 10도 간격으로 그렸는데, 위선은 직선, 경선은 중앙경선을 제외한 선이 모두 곡선이다. 오르텔리우스의 〈세계지도〉에 그려진 경위선 조직과 비교해보면 정확히 일치함을 알 수 있

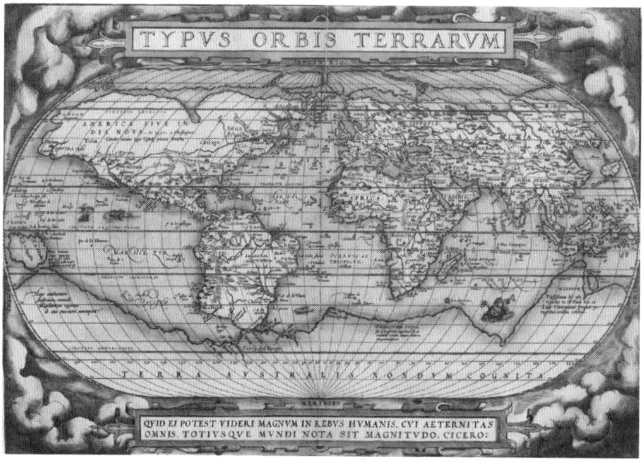

1570년 간행 오르텔리우스의 『세계의 무대』에 실린 〈세계지도〉. 미국 국회도서관 소장

다. 그러나 대륙의 배치는 서양의 세계지도와 다르다. 지도의 중앙은 오랜 기간 중국이 지녀온 중화적 세계관을 고려하여 카나리아 제도에 본초자오선을 위치시켜 중국을 지도의 거의 중앙에 오도록 했다. 지도의 남방 대륙은 탐험 이전의 상황이므로 여전히 미지의 세계로 남아 있고, 아이슬란드 남쪽 대서양에 '프라이슬란드Friesland'라는 상상의 섬이 오르텔리우스의 지도에서와 같이 표시되어 있다. 〈곤여만국전도〉는 조선에도 바로 전해져 실학자들의 세계 인식에 많은 영향을 주었다. 특히 1708년에는 국가적 프로젝트로 〈곤여만국전도〉가 제작되었는데 현재 서울대학교 박물관에 남아 있다.

3

천하도의 형태와 구조

원형 천하도는 전통적인 천원지방의 관념을 표현하고 있지만 그 구조는 이전에 존재하던 지도와 매우 다르다. 내대륙, 내해, 외대륙, 외해라는 독특한 구조로 이루어진 원형 천하도의 이러한 구조는 어디에서 유래한 것일까? 지리적 세계를 그린 세계지도의 경우 오랜 역사 속에서 축적된 지식을 바탕으로 제작된다는 것을 고려하면 원형 천하도 역시 갑자기 출현한 것이라기보다는 그 역사적 연원을 지니고 있을 가능성이 크다.

肅州
哈密
周
秦
陝西
河南
湖廣
浙江
福建
東岳
中岳
南岳

원형의 의미

원형 천하도에서 원圓이 표상하는 것은 무엇인가? 현재까지 천하도에 대한 연구들 가운데 이에 대한 명확한 답을 내리는 경우는 극히 드물다. '천하도'는 말 그대로 하늘 아래, 즉 지상의 세계를 그린 것이기 때문에 원형 천하도에서도 둥근 원은 당연히 지상세계라는 생각에 별다른 언급이 없었는지도 모르겠다. 그러나 이 문제는 원형 천하도가 표상하는 세계를 이해하기 위해 풀어야 할 매우 중요한 사안이다.

동아시아 문화권에서 땅을 원형으로 표현한 사례는 극히 드물다. 대표적인 우주론으로 인정되었던 혼천설渾天說에서도 땅을 구형이 아닌 평평한 대지로 상정했을 정도다. 조선시대 지식인들의 사고방식에도 천원지방의 전통적 관념이 깊게 자리잡고 있었기 때문에 지리적 세계를 원형으로 표현한 사례는 거의 없었다. 만약 원형 천하도의 원이 지리적 세계를 표상한다면 이는 지리적 세계 인식의 일대 변혁 없이는 불가능한 일이다. 천원지방의 관념에서는 땅을 네모진 평지로 인식하고 있었기 때문이다. 따라서 원형 천하도에서 원은 땅이 아니라 하늘을 표상한다고 볼 수밖에 없다.

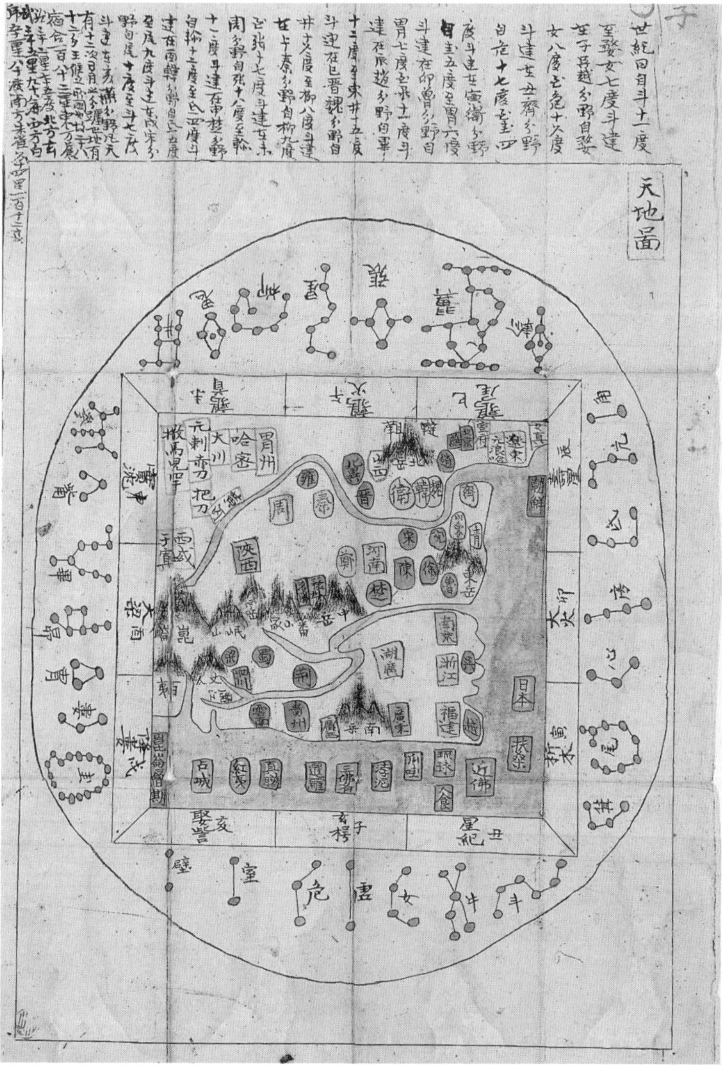

천원지방의 관념이 반영된 〈천지도〉. 서울역사박물관 소장

동서양을 막론하고 하늘을 원으로 인식한 것은 자연스런 현상이었다. 이는 하늘의 해와 달, 별 등의 일주운동을 관찰하면서 경험적으로 터득한 것이었다. 동양의 대표적 우주론인 개천설과 혼천설에서도 하늘을 원형으로 인식했다. 이로 인해 동양에서 제작된 대부분의 천문도는 하늘을 원의 모습으로 표현했던 것이다. 현존하는 천하도 중에 바깥의 원에 하늘의 별자리를 배치한 것이 있는데, 이는 천하도의 원이 땅이 아닌 하늘을 표현한 것이라는 명백한 증거다.

이와 관련하여 천하도의 제목과 외곽의 형태도 원형 천하도가 단순히 지리적 세계만을 그린 것이 아니라 우주지적 사고를 반영하고 있음을 보여준다. 대부분의 원형 천하도는 제목이 '천하도' 또는 '천하총도'라 되어 있는데, 극히 일부이긴 하지만 '태극도太極圖'라 표기된 것도 있다(14쪽 지도). 또한 원 주변에 팔각형을 그려넣은 것도 있고 『주역』의 양의兩儀를 그린 것도 있다. 태극은 음양이 분리되기 이전, 즉 천지가 혼연되어 있는 상태를 말한다. 원의 외곽에 양의를 그려넣은 것은 음과 양, 바로 천지가 교착된 상태를 표현하려 했기 때문으로 풀이된다.

천원지방이라는 전통적인 관념이 천하도에 반영되어 있음은 현존하는 사본에서도 확인된다. 앞서 보았듯이 국립중앙도서관 소장 『여지고람도보』에 수록된 원형 천하도에는 여느 사본과는 달리 여백에 많은 주기가 수록되어 있다. 이 지도의 제목 왼쪽에 '천원지방天圓地方'이라는 표기와 함께 그려진 태극 문양은 천하도가 천원지방이라는 전통적 천지관에 입각해 있음을

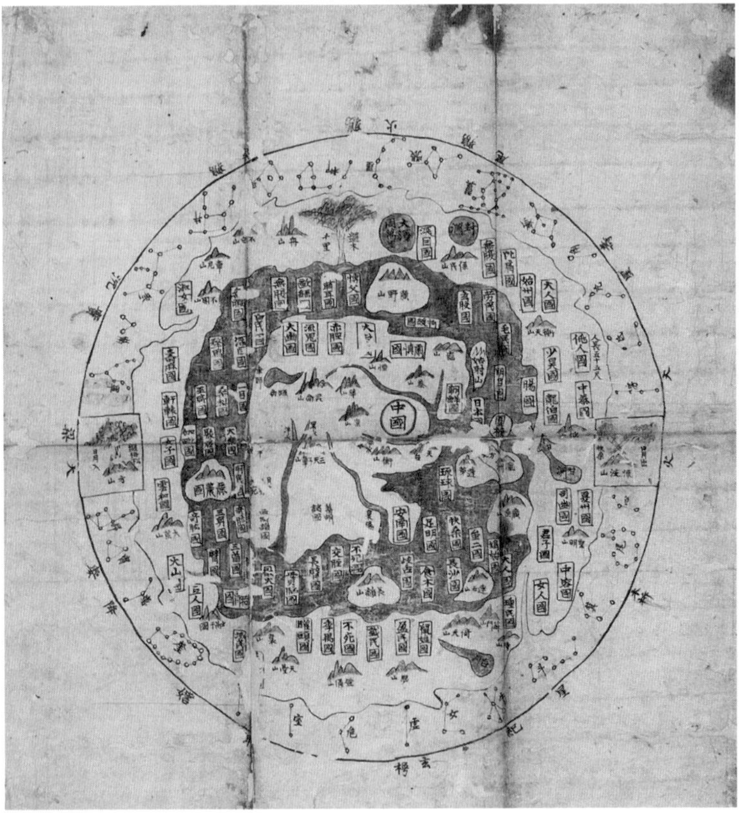

별자리가 그려진 천하도. 국립중앙박물관 소장

보여주는 대표적인 예다. 주변의 다른 주기들도 지리적 세계에 대한 설명을 넘어 천지와 관련된 내용이 주를 이루고 있다.

천하도의 구조

원형 천하도는 전통적인 천원지방의 관념을 표현하고 있지만 그 구조는 이전에 존재하던 지도와 매우 다르다. 내대륙, 내해, 외대륙, 외해라는 독특한 구조로 이루어진 원형 천하도의 이러한 구조는 어디에서 유래한 것일까? 지리적 세계를 그린 세계지도의 경우 오랜 역사 속에서 축적된 지식을 바탕으로 제작된다는 것을 고려하면 원형 천하도 역시 갑자기 출현한 것이라기보다는 그 역사적 연원을 지니고 있을 가능성이 크다.

원형 천하도에 대해 최초로 방대한 연구를 수행한 나카무라 히로시는 내대륙의 윤곽이 불교적 세계관을 표현한 〈사해화이총도〉(27쪽 지도)와 유사하다는 것을 근거로 원형 천하도를 이 지도에서 발전된 것으로 보았다. 〈사해화이총도〉는 1613년 중국의 장황이 간행한 『도서편』에 수록된 지도다. 이 지도는 불가에서 말하는 사주四洲 가운데 남섬부주南贍部洲를 그린 것이다. 불교 경전인 지반志磐의 『불조통기佛祖統紀』에 수록된 〈진단도震旦圖〉와 〈한서역제국도漢西域諸國圖〉 〈반사서토오인도盤師西土五印圖〉 등 세 지도를 기초로 했으며, 지명 표기는 여러 『서역전西域傳』과 『홍범洪範』 등의 책을 참고했다.[36] 불교적 세계관을 표현하는 지도가 『도서편』에 수록된 것은 같은 책에 마테오 리치의 세계지도인 〈여지산해전도輿地山海全圖〉가 수록된 것과 그 맥락이 유사하다. 즉, 이 시기에는 서양 선교사들의 활약으로 기존의 전통적 직방세계의 관념이 서서히 외연을 확대하고 있었는데, 직방의 영역을 넘는

세계를 참고하기 위한 지도로서 수록된 것이다.[37]

〈사해화이총도〉와 원형 천하도의 내대륙이 유사하긴 하지만 둘은 내용적으로 별개의 지도다. 즉, 〈사해화이총도〉는 중국을 중심으로 직방세계를 표현하던 전통적인 지도와는 달리 천축국을 중심으로 세계를 표현했다. 특히 원형 천하도에서는 불교와 관련된 지명을 볼 수 없다는 점이 두 지도의 본질적인 차이다. 또한 일목국一目國, 장비국長臂國, 천흉국穿胸國, 군자국君子國 등 『산해경』에 나오는 지명이 〈사해화이총도〉와 원형 천하도에 공통적으로 수록되어 있지만, 지명이 배치된 방향은 일치하지 않는다. 더 나아가 〈사해화이총도〉와 원형 천하도의 내대륙의 윤곽도 자세히 보면 비슷하다고 할 수 없다. 이를 통해 볼 때 원형 천하도가 불교식 세계지도에 기원을 둔다고 보기는 매우 힘들다. 더군다나 주자성리학이 사회 운영의 지배적인 원리로 기능했던 조선사회에서 불교적 세계관을 보여주는 지도가 민간의 유학자들 사이에 광범하게 유포될 수도 없었다.

천하도의 구조와 유사한 형태로 떠올릴 수 있는 것은 중국 고대 추연의 지리적 세계관이다. 앞서 보았듯이 추연은 중국 사방을 둘러싸는 바다를 비해라 하고 그 바깥으로 대영해가 둘러싸고 있다고 했는데, 얼핏 보면 이는 원형 천하도와 유사하다. 그러나 추연이 제시한 것은 아홉 대륙을 비해가 둘러싸고 그 외부를 대영해가 둘러싸는 구조로 원형 천하도의 구조와는 다르다.

세계를 내대륙–내해–외대륙–외해처럼 중심–주변의 동심원적 구조[38]로 파악하는 것은 『산해경』 『회남자』 『이아爾雅』 등 중국 고대 문헌에서 볼 수 있다. 『산해경』에서는 중국을 중심으로 그 주위는 해내제국海內諸國, 그 바깥은 해외제국海外諸國, 대황제국大荒諸國의 순으로 구성되어 있다. 『이아』에서는 중국-사해四海-사황四荒-사극四極의 구조로 이루어져 있고, 『회남자』에서는 구주-팔인八殥-팔굉八紘-팔극八極의 구조로 방위가 좀더 확장되어 있다. 이러한 중심-주변의 동심원적 구조는 중국 고대의 지리적 인식에서 기초를 이루는 부분으로 중화적 세계 인식도 이와 불가분의 관계를 갖는다.

원형 천하도와 관련해서는 『산해경』에서 제시하는 동심원적 구조가 중요하게 부각된다. 원형 천하도에 수록된 지명 가운데 많은 수가 『산해경』에 근거한다는 사실만 보더라도 원형 천하도와 『산해경』이 깊은 관계가 있음을 알 수 있다. 『산해경』에 대해서는 뒤에서 좀더 자세히 다루겠지만 여기서 원형 천하도의 형태적 측면과 관련하여 몇 가지를 언급하고자 한다. 『산해경』은 크게 「오장산경五臟山經」 「해경海經」 「대황경大荒經」의 세 부분으로 구성되어 있는데 각 부분에서 기술하는 세계가 서로 다르다. 세 부분은 각각 서로 다른 시기에 서로 다른 작자에 의해 기술되어 구체적인 내용과 기술 방식 또한 다르다. 「오장산경」은 실제로 존재하는 세계에 가깝고 「해경」과 「대황경」은 상상적인 요소가 강하다.

『산해경』에 수록된 각 부분을 기술되는 지리적 범위를 기초로 배열하면 다음과 같은 지도 형식의 그림을 그릴 수 있다. 「중산경中山經」을 중심으로 하여 주변으로 확대되어가는데 「대황경」에서 기술하는 지역이 가장 외곽

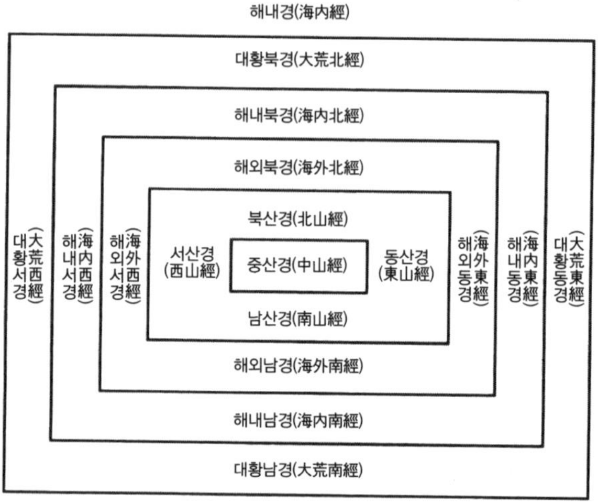

존 메이저(John S. Major)가 『산해경』을 지도화한 그림

에 자리한다. 그러나 『산해경』의 각 편은 중복 기술된 부분이 많아 중산-해내-해외-대황의 순으로 뚜렷하게 경계 긋기는 어렵다.[39] 그렇다 하더라도 조선시대의 일반적인 독자가 『산해경』의 각 편을 서로 다른 시기에, 서로 다른 세계관을 지닌 인물이 기술한 것으로 엄밀하게 구분하기는 힘들었을 테고, 오히려 일관된 체계를 지닌 저술로 인식하는 편이 훨씬 더 용이했을 것이다. 따라서 『산해경』을 통해 위 그림과 같은 동심원적 공간구조를 떠올리기는 그리 어렵지 않았을 것이다.

이러한 사실들로 판단해볼 때, 원형 천하도의 내대륙-내해-외대륙-외해라는 동심원적 구조는 유사한 형태를 지닌 지도에 뿌리를 두지 않더라도 충분히 가능한 것이다. 『산해경』의 「오장산경」-「해내경」-「해외경」-「대황경」과 같은 구조는 원형 천하도의 동심원적 구조를 연상케 한다. 원형 천하도와 유사한 구조를 지닌 지도가 중국이나 일본에서 발견되지 않은 상황을 고려한다면, 원형 천하도의 동심원적 형태는 이전 시기에 존재했던 지도보다는 『산해경』과 같은 문헌에서 기원했을 가능성을 배제할 수 없다. 더구나 원형 천하도의 내대륙이 『산해경』의 「오장산경」과 같이 실제의 세계를 표현한 것이고, 「해경」 「대황경」의 가상적인 성격을 원형 천하도의 내해와 외대륙에서도 유사하게 볼 수 있다는 점은 원형 천하도의 동심원적 구조가 바로 『산해경』에서 비롯되었음을 강하게 시사한다.

중심에서 주변으로 확장되는 동심원적 구조가 『산해경』에서 비롯되었다 하더라도 풀리지 않은 문제는 여전히 남아 있다. 그것은 현실 세계를 표현하는 내대륙의 모습이다. 외대륙의 경우, 가상의 세계를 표현하기 때문에 원형 천하도의 작자가 다른 것에 의존하지 않고 완전히 창작할 수 있다. 그러나 중국을 중심으로 하는 실제 세계를 표현한 내대륙의 경우는 이와 전혀 다르다. 내대륙은 중국을 중심으로 인도, 서역까지 실제의 세계를 간략하게 그린 것인데, 다른 지도를 참조하지 않고 순전히 창작하기가 불가능하다. 그렇다면 내대륙을 그리는 데 모델이 되었던 지도는 어떤 것이었을까?

레드야드는 내대륙에 그려진 북서쪽의 호수와 양수洋水와 흑수黑水 사이에 있는 삼각형의 반도를 근거로, 내대륙의 모습은 조선 전기 〈혼일강리역대국도지도〉에서 진화한 것으로 보았다. 불가능한 입론은 아니지만 〈혼일강리역대국도지도〉에서 원형 천하도의 내대륙으로 이어지는 중간 단계의 지도를 찾기가 어렵다는 점에서 이러한 진화의 가능성은 매우 낮다고 생각된다. 더구나 원형 천하도의 서북쪽에 그려진 호수는 레드야드가 주장한 대로 지중해나 카스피 해가 변형된 것이 아니라 고비 사막으로 보인다. 중국의 지도에서는 고비 사막이 길게 이어진 내해의 모습으로 그려지곤 했고, 지명도 한해瀚海라 하여 바다의 명칭을 사용하기도 했다.[40] 또한 내대륙에 수록된 나라들은 역사적으로 중국과 조공관계를 맺어왔던 국가들로 사서史書에서 대부분 볼 수 있는데, 이를 고려한다면 천하도의 내대륙은 전통적인 직방세계에서 크게 벗어나지 않는다.

따라서 내대륙의 모습은 〈혼일강리역대국도지도〉에서 진화한 것이라기보다는 중국에서 전래된 직방세계 중심의 세계지도에서 비롯되었을 가능성이 더 크다. 조선에서 제작된 직방세계 중심의 세계지도가 대부분 중국에서 전래한 것에 기초하고 있다는 사실은 조선 전기에 제작된 세계지도의 사례에서도 잘 알 수 있다. 원형 천하도에 수록된 내대륙의 지도는 상대적으로 간략한 형태를 띠는데 직방세계 중심의 지도를 축소, 변형하여 그린 것으로 보인다. 기존의 직방세계를 그린 전통적인 세계지도에 비해 서역과 인도 지역이 확대되어 있고, 『산해경』에 나오는 하천으로 곤륜산에서 발원하는 양수, 흑수 그리고 적수赤水가 그려져 있다. 양수와 흑수는 인도와 서역을 구분하는 경계, 적수는 인도와 중국 본토를 구분하는 경계가 된다.

원형 천하도의 이러한 모습과 관련하여 눈길을 끄는 지도는 영남대학교 박물관 소장 〈천하지도天下地圖〉이다. 18세기 중엽에 제작된 이 지도는 전체적인 윤곽과 내용이 김수홍金壽弘이 그린 〈천하고금대총편람도天下古今大摠便覽圖〉와 유사하여 이의 영향을 받았음을 알 수 있다. 그러나 곤륜산에서 발원하는 하천과 서역, 서번西蕃의 모습은 김수홍의 지도와 다소 차이가 있다. 김수홍의 지도에서는 흑수의 서쪽에 서역과 서번 등을 한꺼번에 배치했는데, 〈천하지도〉에서는 원형 천하도처럼 하천으로 구분한 것이다. 특히 곤륜산에서 발원하는 서쪽의 하천이 원형 천하도의 양수와 흑수처럼 두 갈래로 나뉜 것이 눈길을 끈다. 또한 북서쪽에는 원형 천하도처럼 내해 모양의 사막을 그리고, 북쪽 끝에는 북해北海라고 표기하여 그 위쪽으로 바다가 자리하고 있음을 암시한다.

이러한 사실들로 판단해볼 때 영남대학교 박물관 소장 〈천하지도〉는 김수홍의 지도가 저본으로 삼았던 제3의 지도를 참조했던 것으로 보인다. 김수홍의 지도가 1666년에 제작된 사실을 고려한다면 저본으로 사용된 제3의 지도는 최소한 1666년 이전에 제작되었다고 볼 수 있다. 특히 중국에서 제작되어 조선으로 전래된 시간을 고려한다면 대략 16세기 전반이나 그 이전일 것으로 추정된다. 이는 원형 천하도가 출현한, 혹은 출현하기 이전인 시기에 해당한다. 따라서 이러한 〈천하지도〉의 저본 지도와 유사한 지도들을 참고로 원형 천하도를 제작할 수 있는 여지는 충분하다.

결국 원형 천하도의 제작자는 『산해경』을 통해 내대륙-내해-외대륙-외해의 구조를 만들어냈으며, 내대륙의 형상은 기존 직방세계 중심의 지도를

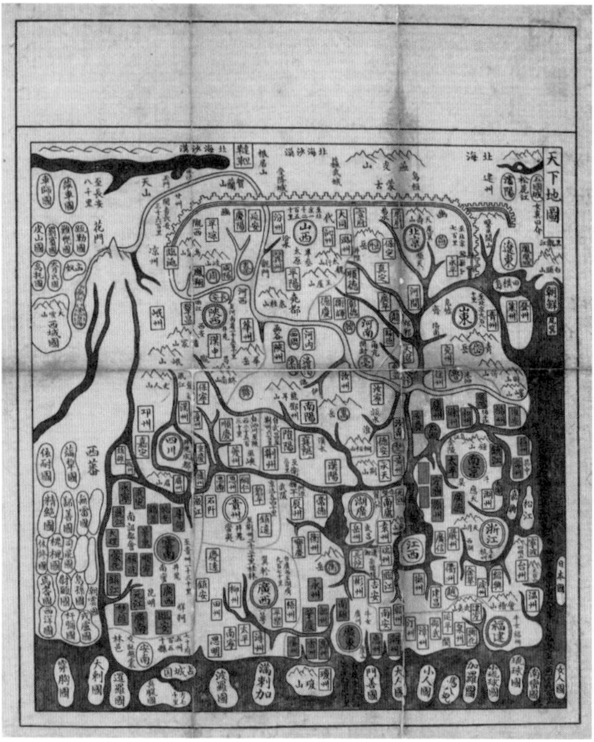

〈천하지도〉, 영남대학교 박물관 소장

기초로 그렸다. 곤륜산을 땅의 중심에 배치하고 여기에서 발원하는 네 개의 하천을 그리다보니 전통적인 직방세계의 지도에서는 서쪽 구석에 배치되던 서역과 서번이 상대적으로 넓은 영역을 차지하게 되었다고 볼 수 있다.

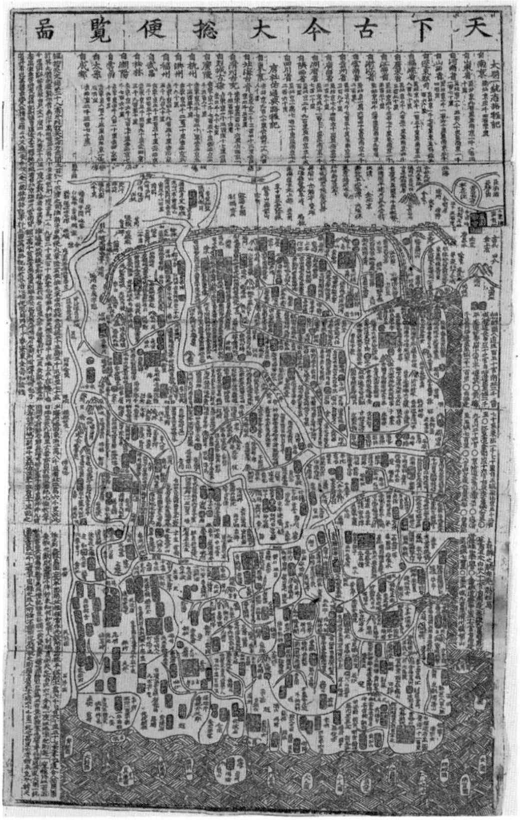

김수홍의 〈천하고금대총편람도〉. 서울역사박물관 소장

불교적 세계관

불교에서 말하는 '세계Loka-dhātu'는 욕계欲界, 색계色界, 무색계無色界의 세 가지로 나뉜다. 우리가 살고 있는 곳은 욕계인데 지리적 구상으로는 수미산Sumeru, 蘇迷盧을 중심으로 하는 지상세계다. 욕계는 수미산을 중심에 두고 각각 일곱 개의 산(육지)이 둘러싸고, 바깥쪽은 바다(외해)로 이를 철위산鐵圍山, Cakravada-parvata이 둘러싸고 있다. 외해에는 각각 두 개의 중주中洲를 지닌 사대주四大洲가 있는데 남쪽이 염부제閻浮提, Jambudvipa, 贍部洲, 북쪽이 울단월鬱單越, Uttarakuru, 倶盧洲, 동쪽이 불파제弗婆提, Purvavideha, 勝身洲, 서방이 구야니瞿耶尼, Avaragodaniya, 牛貨洲다. 수미산을 둘러싸는 일곱 개의 산은 황금으로 이루어져 칠금산七金山이라 부르고 수미산, 철위산과 바다를 총칭하여 구산팔해九山八海라 한다. 이러한 지리적 세계관은 남송 때 지반志磐의 『불조통기佛祖統紀』에 수록된 〈사주구산팔해도四洲九山八海圖〉에 잘 표현되어 있다.

세계의 중앙에 있는 수미산은 사보四寶로 만들어졌는데 금륜金輪 위에 있다. 해와 달이 비추며 여러 천인天人이 노니는 곳이다. 이와 같은 수미산 사상은 당시 인간의 힘으로는 범접할 수 없었던 히말라야의 위용을 신비화한 것일 가능성이 크다.

『장아함경長阿含經』에 의하면, 사대주 중에서 남쪽 대륙은 남쪽이 좁고 북쪽이 넓은 사람의 얼굴 모습이고, 북주는 방형, 서주는 원형, 동주는 반월형으로 되어 있다. 남주(또는 남섬부주)는 인도를 포함하는 대륙으로 인간이 사는 현실세계다. 남주의 형상은 인도 반도의 모습에서 착상한 것이다.

〈남섬부주도南贍部洲圖〉는 명대의 인조仁潮가 1584년 간행한 『법계안립도法界安立

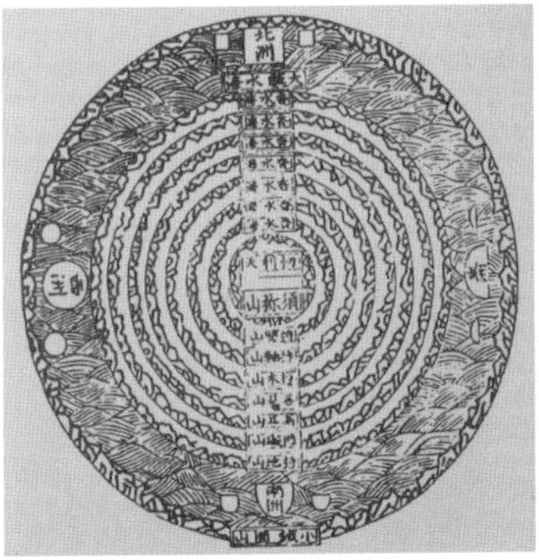

「불조통기」에 수록된 〈사주구산팔해도〉

「법계안립도」에 수록된 〈남섬부주도〉

圖』에 수록된 것인데, 현장玄奘의 『대당서역기大唐西域記』에 기초한 지명들이 기재되어 있다. 대륙 중앙의 아누달지阿耨達池, 인도 설산의 북쪽에 있는 못, 무열뇌지無熱惱池와 여기서 흘러나가는 네 개의 하천이 기본적인 골격을 형성하고 있다. 이 지도에서 중국은 동쪽 구석에 치우쳐 있고, 한반도는 섬으로 그려져 '고려高麗'라 표기되어 있다. 이러한 불교적 세계관을 표현한 세계지도는 지금의 인도를 세계의 중심에 배치하기 때문에 중화적 세계관이 강한 중국과 조선에서는 널리 수용될 수 없었다.

추연의 대구주설

추연騶衍, 기원전 305~240은 전국시대 제齊나라 사람으로 음양가陰陽家의 대표적인 인물이다. 맹자 이후의 사람으로 그의 학설이 많은 제후국에 알려지면서 각국의 제후들로부터 융숭한 대접을 받았다. 저작으로는 『한서漢書』「예문지藝文志」에 '추자鄒子' 49편, '추자종시오덕鄒子終始五德' 56편이 기록되었으나 모두 유실되어 전하지 않는다. 그의 학설에 대한 단편적인 내용들이 주로 『사기史記』의 「맹자순경열전孟子荀卿列傳」, 그리고 『여씨춘추呂氏春秋』의 「응동應同」 편 등에 부분적으로 보일 뿐이다.

추연의 사상은 오행설, 부응설符應說, 오덕종시설五德終始說, 대구주설大九州說, 중도연명설重道延命說 등이 혼합되어 있다. 당시 제나라에는 추연을 위시하여 전병田騈, 신도愼到 등의 사상가들이 이와 같은 사상을 고취하고 있었으며, 이는 신선사상의 발전에 영향을 주기도 했다. 추연이 제시한 대구주설은 중화적 세계관이나 불교적 세계관과는 다른 독특한 내용을 지니고 있다.

추연은 『서경書經』「우공禹貢」 편의 구주九州 전체를 적현신주赤縣神州라 하고 이와 똑같은 주 여덟 개가 더 합쳐져 하나의 주를 구성한다고 보았다. 또한 이러한 주 아홉 개가 모여 천하를 이룬다고 했다. 따라서 중국인 적현신주는 천하의 81분의 1에 불과하다. 세계는 전체 아홉 개의 큰 대륙으로 이루어져 있고 각 대륙을 비해裨海가 감싸고 있으며 이 전체를 대영해大瀛海가 에워싸고 있는 구조다. 그러나 방위에 대한 언급이 없어 중국의 위치가 전체 지리적 세계에서 어디에 해당하는지를 분별할 수는 없다.

추연의 대구주설은 유교의 구주설을 확대한 관념이지만 중화적 세계관인 구주설과 본

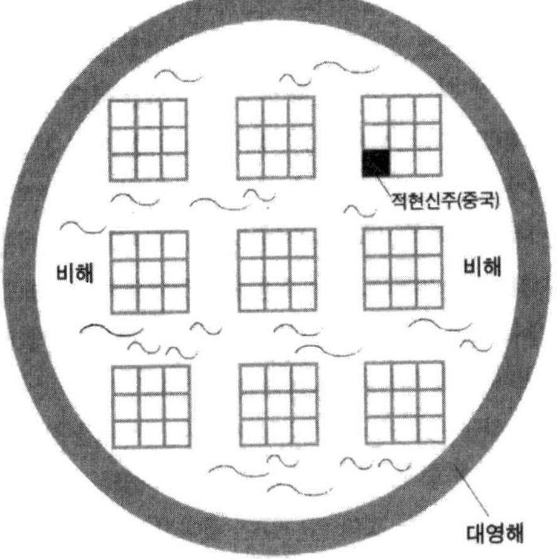

대구주설의 모식도

질적으로는 차원을 달리한다. 『서경』「우공」 편에 보이는 구주설은 추연의 경우처럼 여러 대륙을 상정한 것이 아니다. 중화적 세계관에 바탕을 두어 구주를 대륙의 중심에 위치시키고 그 외부에는 이민족이 거주하는 이역異域이 존재한다고 본 것이다. 그러나 추연의 사고에서는 문명화된 지역인 중국을 전체 세계의 81분의 1로 축소했고, 중국 자체가 세계의 중심이라는 명백한 언급도 보이지 않는다.

추연의 이러한 대담한 세계관은 중국 고유의 것이라기보다는 타 문화와의 접촉에 의해 형성되었을 가능성이 크다. 추연의 대구주설에서 9대륙이 각각 해양을 끼고 있다는 점에서 이는 고대 인도의 지리적 세계관과 관련이 있을 것으로 추정된다. 특히 적현신주의 위치가 중화적 세계관과 일치하지 않는 점도 외부의 영향을 강하게 시사한다. 이처럼 추연의 대구주설은 하나의 문화권에서 독창적으로 형성된 것이 아니라 문화의 전파에 의해 중국의 토착적인 요소와 외부적인 요소가 결합하여 나타난 세계관이라 할 수 있다.

추연의 대구주설은 이후 중국사회에서 중화적 세계관과 실용적인 측면을 강조하는 유학자들로부터 이단의 설로 배척되었다. 특히 유교 경전에는 이러한 설에 대한 성현들의 언급이 거의 없기 때문에 경전을 숭상하는 유학자들에게 받아들여질 수 없었다. 서양의 세계지도가 중국에 전래되어 종전의 지리적 세계관이 확대되어가던 시기에 추연의 대구주설은 다시 관심을 끌었지만, 그때도 여전히 이단의 설로 배척되곤 했다. 명말明末 마테오 리치의 〈곤여만국전도〉에 서문을 썼던 오중명吳中明이 서양의 지리 지식을 수용하면서도 추연의 설은 굉대宏大하고 불경不經하다며 배척했던 것은 그 대표적인 사례다.

4

천하도의 내용

내해와 내대륙에 위치한 지명들은 『산해경』에 수록된 것을 제외하면 다수가 도교 관련 문헌에서 볼 수 있는 것으로 신선들이 사는 선계仙界에 해당한다. 신선사상과 관련된 지명을 수록한 것은 기존 직방세계를 뛰어넘는 세계를 표현하기 위해 불가피한 일이었을지도 모른다. 직방세계를 주로 다루는 유교 경전에 수록된 지명으로는 직방세계의 외연을 표현하기가 힘들기 때문이다.

大人国
始州国
毛民国
明祖国
日本国
佛人国
仲太国
小人国
女人国
长股国

천하도의 지명

대부분의 원형 천하도는 내대륙, 내해, 외대륙, 외해의 구조로 이루어져 있지만 지명 표기에서는 사본마다 약간의 차이가 있다. 보통은 140여 개의

천하도 일반형의 지명 배치

지명이 수록되어 있으나, 목판본의 경우는 이보다 적은 것도 있다. 필사본의 경우 영국박물관 소장본은 168개나 되는 지명이 수록되어 있기도 하다. 국내에서도 목판본이면서 많은 지명이 수록된 천하도가 발견되어 관심을 끌고 있다.[41]

원형 천하도는 목판본만 하더라도 10여 종 넘게 남아 있다. 필사본까지

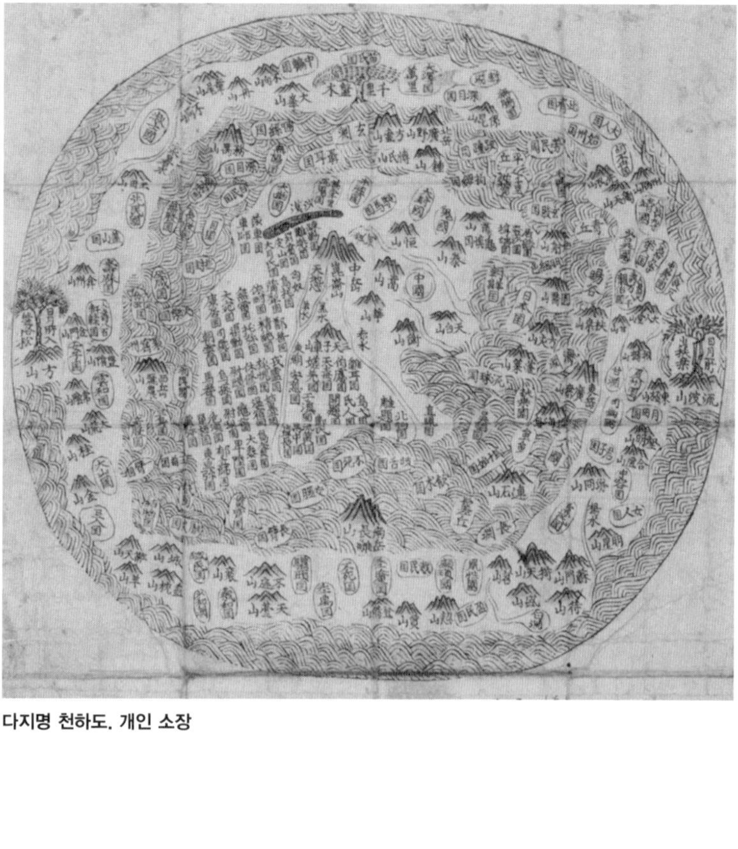

다지명 천하도. 개인 소장

합치면 그 종수에서는 현존하는 단일 지도로는 가장 많다. 필사본과 목판본을 통틀어 수록된 지명은 대략 140개를 전후한 것이 가장 많다. 따라서 최초 원형 천하도의 원본도 이와 유사했으리라 생각된다. 서역西域이나 번호蕃胡에 많은 지명을 기입한 것은 이례적인 사례로 애초 원본에 많은 지명이 수록되어 있었다기보다는 후대에 첨가, 보충된 것으로 보아야 한다. 따라서 원형 천하도 가운데 원형에 가까운 것은 이례적인 사례가 적으면서 가장 일반적인 형태를 취하고 있는 것으로, 시기적으로는 초기에 해당하고 필사본보다는 목판본이라 할 수 있다.[42]

천하도에 수록된 많은 지명이 어디에 기원을 두는가를 밝히는 것은 천하도의 연원과 성격을 규명하는 중요한 문제이다. 이미 몇 명의 학자는 이 부분에 대한 심도 있는 연구를 진행하기도 했다. 현재까지의 연구를 통해 볼 때, 원형 천하도에 실려 있는 지명은 대부분 『산해경』에 보이고, 그 밖에 『한서漢書』「서역전西域傳」, 『서경書經』「우공禹貢」, 『당서唐書』 등의 사서史書와 『동천복지악독명산기洞天福地嶽瀆名山記』 『십주기十洲記』 등 도교 관련 서적들에서 찾아볼 수 있는 것들이다.[43] 내대륙은 당시 실재하던 나라의 지명이 많은 비중을 차지하고 있고, 내해는 일본, 유구 등 실재 나라의 명칭도 보이나 대부분 가상의 지명들이다. 외대륙도 대부분 가상의 지명들로 이루어져 있다. 다음 표는 천하도의 일반형이라 판단되는 초기 목판본에서 취한 지명들의 출전을 정리한 것이다. 나카무라, 운노 등 기존 학자들의 연구를 바탕으로 다시 수정했다.

[표 2] 천하도의 지명과 출전(『 』이 없는 것은 『산해경』의 편명)

	지명	출전		지명	출전
1	中國	다수 문헌	39	载國	海外南經
2	朝鮮	海內北經, 海內經, 다수 문헌	40	結胸國	海外南經
3	肅愼國	海外西經	41	厭火國	海外南經
4	大封國	海內北經, 犬封國의 오기	42	貫胸國	海外南經
5	赤脛國	海內經	43	長臂國	海外南經
6	流鬼國	『通典』『新唐書』	44	交脛國	海外南經
7	大幽國	海內經	45	不死國	海外南經, 大荒南經
8	安南國	『唐書地理志』	46	岐舌國	海外南經
9	暹羅國	『隋書』	47	食木國	출처 미상
10	眞臘國	『隋書』	48	長沙國	海內經
11	琉球國	『隋書』	49	足明國	출처 미상
12	日本國	다수 문헌	50	扶桑國	『梁書』
13	明徂國	海內北經	51	蚩蚩國	『松南雜識』
14	暘國	海外東經, 大荒東經의 湯谷	52	鳩始國	海內東經, 始鳩國의 오기
15	毛民國	海外東經	53	小人國	大荒東經
16	勞民國	海外東經	54	淑女國	大荒西經, 淑士國의 오기
17	玄股國	海外東經, 大荒東經	55	壽麻國	大荒西經
18	拘綏國	海外北經, 拘纓國의 오기	56	軒轅國	海外西經, 大荒西經
19	博父國	海外北經, 博氏國	57	女子國	海外西經, 大荒西經
20	聶耳國	海外北經	58	雲和國	『松南雜識』
21	毆絲國	海外北經	59	火山國	『太平寰宇記』
22	無腸國	海外北經, 大荒北經	60	互人國	大荒西經
23	犂禺國	출처 미상	61	域民國	大荒南經
24	白民國	海外西經	62	羲和國	大荒南經
25	深目國	海外北經, 大荒北經	63	驩頭國	海外南經, 大荒南經
26	無暇國	海外北經, 無脣國의 오기	64	季禹國	大荒南經
27	巫咸國	海外西經	65	载民國	大荒南經
28	桑梨國	海外北經, 柔利國의 오기	66	盈民國	大荒南經
29	一目國	海外北經	67	鼠姓國	『松南雜識』
30	大樂國	海外西經	68	壎民國	大荒東經
31	聚屈國	『洞天福地嶽瀆名山記』	69	女人國	『三才圖會』
32	伽毗國	『法顯佛國記』	70	君子國	大荒東經
33	羽民國	海外南經, 大荒南經	71	中容國	大荒東經
34	奇肱國	海外西經, 長脚國의 오기	72	司幽國	大荒東經
35	三身國	海外西經, 大荒南經	73	夏州國	大荒東經
36	奇肱國	海外西經	74	龍伯國	『博物志』『列子』
37	臂國	海外西經, 一臂國의 오류	75	中泰國	『古微書』, 中秦國의 오기
38	三首國	海外南經	76	少昊國	大荒東經

77	佻人國	『古微書』
78	大人國	大荒東經, 大荒北經
79	始州國	大荒北經
80	比肩國	『松南雜識』
81	無腸國	海外北經, 大荒北經
82	深目國	海外北經, 大荒北經
83	千里盤木	大荒北經
84	舟山	大荒北經
85	不白山	大荒北經, 不句山의 오기
86	章尼山	大北荒經, 章尾山의 오기
87	不周山	西山經, 大荒西經
88	寒署水	大荒西經
89	大荒山	大荒西經
90	融天山	大荒南經
91	襄山	大荒南經
92	天臺山	大荒南經
93	登備山	大荒南經
94	愬山	大荒南經, 愬愬山의 오기
95	倚天山	大荒東經, 猗天山의 오기
96	蘇門山	大荒東經
97	白淵	大荒南經
98	待山	大荒東經
99	壑明山	大荒東經
100	甘淵	大荒東經, 大荒南經
101	甘山	大荒東經
102	招搖山	大荒東經
103	扶桑	海外東經
104	流波山	大荒東經
105	衡天山	大荒北經
106	係民山	大荒北經, 係昆山의 오기
107	封淵	大荒北經
108	大澤	大荒北經
109	盤格松	大荒西經, 柜格松의 오기
110	方山	大荒西經
111	廣野山	『洞天福地嶽瀆名山記』
112	麗農山	『洞天福地嶽瀆名山記』
113	長離山	『洞天福地嶽瀆名山記』
114	連石山	『洞天福地嶽瀆名山記』
115	廣桑山	『洞天福地嶽瀆名山記』
116	蓬萊山	海內北經, 『洞天福地嶽瀆名山記』
117	方丈山	『洞天福地嶽瀆名山記』
118	瀛洲	『洞天福地嶽瀆名山記』
119	扶桑山	海外東經, 『洞天福地嶽瀆名山記』
120	圓袴山	『洞天福地嶽瀆名山記』, 員嶠山의 오기
121	姑射山	東山經, 海內北經
122	泰山	東山經
123	恒山	西山經
124	崑崙山	大荒西經, 『洞天福地嶽瀆名山記』
125	華山	西山經
126	嵩山	『書經』「禹貢」
127	三天子章山	海內南經
128	衡山	中山經
129	天台山	『洞天福地嶽瀆名山記』
130	黃河	海內西經 외 다수 문헌
131	江水	中山經
132	赤水	海內西經
133	黑水	海內西經, 南山經
134	洋水	西山經
135	疏勒	『漢書』「西域傳」
136	車師	『漢書』「西域傳」
137	鄯善	『漢書』「西域傳」
138	沙車	『漢書』「西域傳」
139	大宛	『漢書』「西域傳」
140	烏孫	『漢書』「西域傳」
141	月支	『漢書』「西域傳」
142	西域諸國	국명이 아님
143	蕃胡十二國	국명이 아님
144	梟陽	海內南經

『산해경』의 지명 배치

지명의 분석을 통해 파악할 수 있는 것은 『산해경』에 나오는 지명의 비율이 압도적이라는 사실이다. 이 때문에 오가와 다구치小川琢治는 원형 천하도가 산해경도山海經圖라고 추정하기도 했다.[44] 그러나 원형 천하도는 조선 후기에 새롭게 제작된 것으로서 원래 중국 고대에 존재했던 산해경도로 보기는 힘들다. 비록 원형 천하도가 산해경도의 사본은 아닐지라도 지도에 수록된 『산해경』의 많은 지명을 통해 볼 때 『산해경』이 지도 제작의 기초적인 자료로 이용된 것만은 분명하다.

『산해경』은 고대인의 꿈과 무의식에 뿌리를 둔 원형적 심상을 집대성했다고 볼 수 있는데, 이러한 이단異端의 정신은 갈홍葛洪의 『포박자抱朴子』로 계승, 발전되어 도교라는 거대한 상징체계를 구축하게 되었다.[45] 그러나 『산해경』은 현실의 실용성을 강조하는 유교의 입장에서 대표적인 이단서로 취급될 수밖에 없었다. 중국에서도 한대漢代 이후 유학이 뿌리를 내리면서 유학자들에게 경전이 아닌 기서奇書로 인식되었다. 그런 가운데서도 일부 도가나 문장가, 시인 들에 의해 꾸준히 읽히면서 후대까지 이어져내려왔다.

『산해경』은 우리나라에도 일찍 전해졌으며 이에 대한 학자들의 인식은 중국과 큰 차이가 없었다. 고려시대의 이규보李奎報, 1168~1241는 『산해경』을 괴설로 취급했는데,[46] 조선시대의 유학자들 사이에서는 이러한 경향이 지배적이었던 것으로 보인다. 조선 후기 박학다식의 대표적인 학자인 이덕무李德懋, 1741~1793조차도 『산해경』을 황당무계한 책으로 평가했다.[47] 조선 후기 실학의 거두였던 이익李瀷, 1681~1763도 이와 같은 태도를 취했다.[48] 조구명趙龜命, 1693~1737은 더 나아가 『산해경』의 내용을 비판하기도 했는데, 『산해경』의 방위에 따른 지명의 배치가 잘못되었다는 사실을 지적한 것이다.[49] 이처럼 대부분의 학자에게 이단의 서적으로 취급되었지만, 서구 지리 지식의 영향으로 세계 인식을 확대할 수 있었던 유만주 같은 학자에게는 『산해경』이 확장된 세계를 설명하는 중요한 텍스트였음은 앞서 살펴본 바와 같다.

그렇다면 천하도의 제작에 『산해경』이 가장 기초적인 자료로 이용된 이유는 무엇일까? 『산해경』에는 확장된 세계 인식을 포괄할 수 있는, 미지의 세계를 포함한 다양한 영역에 대한 기술이 수록되어 있다. 그러나 이러한 기술이 수록된 책은 『산해경』만이 아니다. 『산해경』 외에도 『회남자』 『목천자전穆天子傳』 『포박자』 『박물지博物誌』 등 다양하다. 하지만 이러한 책들은 『산해경』과 같이 동심원적 공간 구조의 일관된 체계를 지니고 있지 않기 때문에 이들로부터 원형 천하도와 같은 세계지도를 구성하는 것은 거의 불가능하다. 『산해경』으로부터 원형 천하도와 같은 세계지도를 구성할 수 있는 가장 중요한 요인은 『산해경』에 수록된 각 부분이 방위에 따라 기술되어 있다는 점이다. 「산경山經」 「해경海經」에 수록된 각 편에는 중앙과 동서남북의 방위를 기준으로 지명이 기술되어 있다. 이러한 방위는 『산해경』의 다양한 지명을 지도상에 배치하는 기준이 되었던 것이다.

천하도에 수록된 『산해경』의 지명을 좀더 분석해보면 이러한 사실을 알 수 있다. 앞의 〔표 2〕에서 『산해경』에 수록된 지명의 편명과 천하도상의 위치를 서로 비교하면 거의 대부분 일치한다. 의천산倚天山(95, 숫자는 〔표 2〕의 지명 번호), 소문산蘇門山(96), 대산待山(98) 등은 『산해경』의 「대황동경大荒東經」에 수록되어 있지만 원형 천하도에서는 외대륙의 남방에 수록된 정도가 방위의 불일치로 지적된다.[50] 그러나 이들 지명이 표기된 원형 천하도상의 위치는 엄밀하게 본다면 외대륙의 남쪽이 아니라 동쪽과 남쪽의 모서리에 해당한다. 4방위로 구분된 것에서 4방위의 사이에 해당하는 사각형의 모서리 부분의 방위는 명확하게 구분하기 어렵다. 원형 천하도와 『산해경』 사이에서 방위의 오차가 발생하는 것은 지도상에서 모서리에 위치한 지명들뿐이다. 이러한 사실은 원형 천하도를 제작할 때 『산해경』에 수록된 편명의 방위를 기준으로 지명을 배치했음을 여실히 보여준다. 또한 원형 천하도가 처음 제작되어 계속 전사, 판각되면서 지명의 오기誤記나 위치상 변동이 생겼을 수 있다는 사실을 고려할 때 천하도 일반형에서 볼 수 있는 방위의 일치는 거의 완벽에 가깝다고 할 수 있다.

『산해경』의 편명과 원형 천하도상에 배치된 지명들의 비교를 통해서 또 한 가지 중요한 사실이 파악된다. 천하도의 내대륙, 내해, 외대륙에 배치된 지명들이 『산해경』에서 각각 「오장산경」 및 「해내경」 「해외경」 「대황경」과 거의 일치한다는 것이다. 『산해경』에는 「해외동경」에 수록된 부상扶桑을 일월이 뜨는 곳에 의도적으로 배치하여 외대륙 밖에 위치시킨 정도가 유일하게 지적할 수 있는 오차이다.

이러한 사실들을 종합하여 볼 때 원형 천하도는 『산해경』의 각 편명으로 이루어진 중심-주변의 동심원적 구조를 내대륙-내해-외대륙-외해의 구조로 형상화하고, 『산해경』의 각 편에 수록된 지명을 정해진 방위에 따라 지도상의 대응되는 지역에 배치하여 완성한 지도라 할 수 있다.

도교 관련 지명 및 기타 지명의 배치

원형 천하도에는 『산해경』의 지명 이외에 『서경』 『한서』 『당서』 『수서隋書』 등 각종 역사서와 『동천복지악독명산기』 같은 도교 관련 문헌에 수록된 지명들이 배치되어 있다. 역사서에서 취한 지명들은 대부분 내대륙에 있는데 역사적으로 중국과 교류했던 서역, 인도 등의 현실 지명이 다수를 차지한다. 따라서 이들이 기재된 지역은 전통적인 직방세계를 벗어나지 않는다. 천하도의 성격과 관련하여 중요한 것은 『동천복지악독명산기』에 수록된, 도교나 신선사상과 관련된 지명들이다.

『동천복지악독명산기』는 901년 당나라 두광정杜光庭이 편집한 것으로 도교 관계 문헌을 모아 엮은 『도장道藏』에 실려 있다. 『동천복지악독명산기』에는 '악독중산嶽瀆衆山' '중국오악中國五嶽' '십대동천十大洞天' '오진해독五鎭海瀆' '칠십이복지七十二福地' 등 다양한 지명들이 실려 있다.[51] 『동천복지악독명산기』에 수록된 지명 가운데 천하도에 수록된 것은 모두 해중海中에 위치하며 신선이 사는 곳으로 인간이 접근할 수 없는 구역이다. 신선과 관련된 총 27개의 지명 중 최대 17개의 지명을 천하도에서 볼 수 있다고 하나[52] 일반형의 경우는 앞의 표에서 보았듯이 이보다 약간 적다. 천하도에 수록된 『동천복지악독명산기』의 지명도 문헌에 기록된 방위에 따라 해당 지역에 배치되어 있다.

『동천복지악독명산기』에서 해중에서 신선이 사는 곳으로 기입된 지명은 이수광李睟光의 『지봉유설芝峯類說』에도 똑같이 기록되어 있어 주목된다. 이수광은 『완위여편宛委餘編』의 기록을 인용하여 위의 지명들을 제시하는데 『동천복지악독명산기』의 지명과 정확히 일치한다.[53] 이러한 사실은 천하도에 수록된 『동천복지악독명산기』의 지명과 관련하여 중요한 시사점을 제공해준다. 당나라 때 저술된 『동천복지악독명산기』는 조선 후기 원형 천하도의 제작에 직접 이용했을 가능성은 매우 낮다. 오히려 『도장』에 수록된 것을 이용했을 가능성이 없지 않지만 조선시대 도교의 미약한 영향력을 고려할 때 이는 다소 회의적이다. 이와 관련하여 현재 규장각에는 『도장』을 축소한 『도장집요道藏輯要』가 남아 있지만 『동천복지악독명산기』는 수록되어 있지 않다. 따라서 『완위여편』이나 『지봉유설』을 참고했을 가능성도 크다. 『지봉유설』이 이수광 사후 1633년에 그의 아들 성구聖求와 민구敏求에 의해 간행되어 많은 학자에게 읽혔던 점을 고려한다면 원형 천하도 제작시 이를 참고했을 가능성도 사뭇 크다. 특히 『지봉유설』에는 원형 천하도에서 내해의 동쪽에 하나로 묶여서 그려진 봉래산蓬萊山, 방장산方丈山, 영주瀛洲 등 삼신산三神山의 유래도 실려 있다.

천하도에 수록된 도교적 지명 가운데 외오악은 천지심天地心인 곤륜산을 중심으로 바다의 각 방위에 배치되어 있다. 이 외오악은 직방세계의 바깥에 위치하기 때문에 중국의 전통적인 세계지도와 지리지에서는 찾아보기 힘들다. 중국은 전통적으로 오악 중심의 산악 인식 체계를 지니고 있었는데 지리적으로는 직방세계에 한정된 것이었다. 선진先秦시대에는 중국 각지에서 산악과 산신 숭배가 광범위하게 행해졌다. 그중 지역적으로 유명한 것이 『서경』「요전堯典」에 동쪽에 대종岱宗: 泰山 외에 남악, 북악, 서악의 사악四嶽으로 등장한 것이 시초였다. 오행사상이 성행하면서 한漢 무제武帝가 숭악嵩嶽을 중악中嶽으로 하여 제사를 지내면서 태산泰山은 동악, 화산華山은 서악, 형산은衡山 남악, 항산은恒山 북악 등의 오악으로 굳어졌고, 선제宣帝에 이르러 오악에 대한 국가 제사의 예禮가 확정되었다.[54] 직방세계보다 더 광범한 영역을 다루었던 도교 문헌에서는 오악을 위의 외오악으로 보았으며, 직방세계의 오악을 중국 오악五嶽으로 구분하기도 했다.[55] 조선 후기에는 정조를 비롯한 여러 학자도 외오악에 대해 알고 있었다.[56]

외오악 이외에도 봉래산, 방장산, 영주산의 삼신산과 원교산員嶠山, 부상산扶桑山이 내해의 동쪽에 배치되어 있다. 삼신산은 신선과 불사약이 있는 곳으로 예로부터 발해渤海에 위치한 것으로 인식되었다.[57] 이처럼 삼신산은 동방에 있는 것으로 생각되었는데, 조선 명종 때 정렴鄭磏은 중국에서 도사

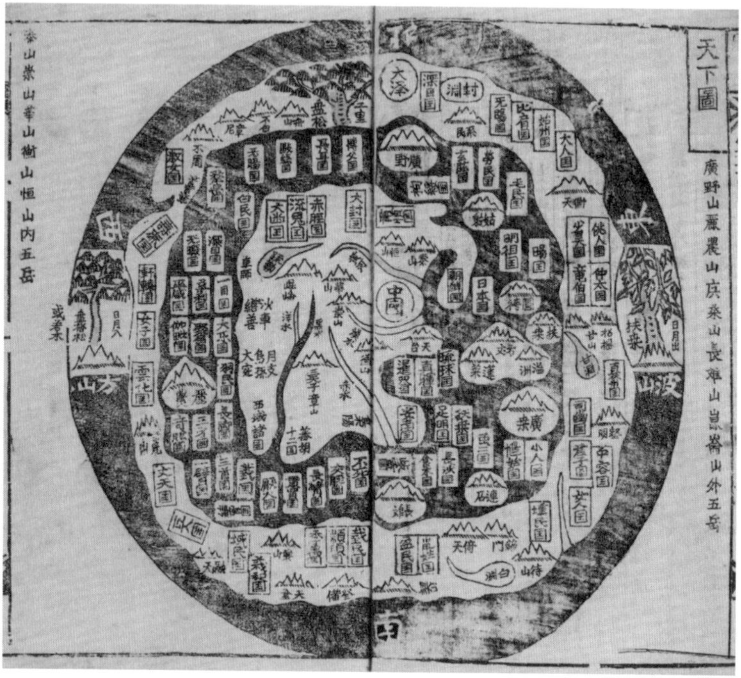

내오악과 외오악이 주기된 천하도

道士들에게 조선에 있는 삼신산의 존재에 대해 언급하기도 했다. 이 시기 삼신산을 조선에서 찾는 것은 매우 일반화되었던 일로, 봉래를 금강산, 방장을 지리산, 영주를 한라산에 비정했다.[58] 천하도가 수록된 지도책의 〈팔도총도〉에도 이러한 인식이 반영되어 금강산, 지리산, 한라산 옆에 봉래, 방장, 영주라고 표기가 되어 있다. 원교산과 부상산은 모두 일월과 관련된 지명으로 일월이 뜨는 곳에서 가까운 데에 위치해 있다.

신선사상과 관련된 지명의 수록과 더불어 원형 천하도의 지명 배치 중에서 가장 독특한 점은 일월의 출입처와 신목神木이 그려져 있다는 점이다. 동쪽의 해와 달이 뜨는 곳에는 유파산流波山과 부상이 그려져 있고, 서쪽의 해와 달이 지는 곳에는 방산方山과 반격송盤格松이 그려져 있다. 『산해경』의 「대황동경」과 「대황서경」에는 일월의 출입처로 기술된 산이 다수 등장한다. 이러한 산들 가운데 유파산과 방산이 선택된 기준은 명확하지 않다. 방산의 경우 거격송柜格松이라는 신목이 있어 선택한 것이라 할 수 있지만,[59] 유파산의 경우는 이와 다르다. 즉, 유파산은 신목도 없고 일월의 출입과 관계되어 있지도 않다. 단지 동해의 바다 쪽으로 7000리나 들어가 중심과 가장 먼 곳에 위치하여 선택되었던 것 같다. 신목으로는 「해외동경」에 보이는 부상을 그려넣었다.

이처럼 일월의 출입처를 동쪽과 서쪽에 표시한 것은 천문 지식에 바탕한 서구식 세계지도의 영향으로 하늘과 땅을 대응시키려는 과정에서 나타난 것으로 볼 수도 있다.[60] 그러나 하늘과 땅을 대응시키려는 의도에서라면 오히려 하늘의 별자리를 땅에 배치하는, 전통적인 분야론分野論의 방법이 더 효과적일 수 있다. 앞서 제시했던 〈천지도〉와 같은 이미지가 오히려 하늘과 땅의 대응 관계를 더 잘 보여주기 때문이다. 그보다 이는 하늘과 땅이 만나는 극極의 지점을 표현하려 했던 데서 기인한다고 보는 게 타당할 것이다. 원형 천하도는 천원지방의 천지관을 바탕에 깔고 있기 때문에 둥근 지구를 전제로 하는 지구구체설과는 다르게 동서의 극을 지니는데 이를 시각적으로 구현한 것이다. 여기에 부상, 반격송 같은 신목을 배치함으로써 이 지역이 지니는 신비적 성격을 더욱 부각시킨다.

외대륙 북쪽에 있는 반목천리盤木千里와 함께 일월 출입처의 신목을 그려 넣은 것은 천하도를 이해할 수 있는 중요한 단서가 되기도 한다. 일찍이 매카이A. L. Mackay는 북쪽의 수목이 동북아시아의 샤머니즘에서 말하는 우주목宇宙木이라 하여 수목 신앙과 결부시켰는데[61] 이는 천하도의 성격과 관련하여 주목할 만하다. 천하도에 수록된 수목은 거목으로서 인간의 경외심을 유발하기에 충분하다. 특히 전통적으로 소나무의 경우 십장생의 하나로 불로장수를 상징하는 점을 고려할 때[62] 천하도에 그려진 수목은 신선사상과 깊은 관련이 있다고 볼 수 있다.

그렇다면 왜 이러한 도교·신선사상과 관련된 지명을 천하도에 수록했을까? 이 문제는 천하도의 세계 인식과 관련하여 매우 중요하다. 운노는 천하도가 서구식 세계지도에 저항하여 만든 도교적 또는 신선적 세계지도라는 견해를 피력했다.[63] 이러한 견해에 대해 배우성이 원형 천하도는 도교적·신선적 세계관을 표현한 것이 아니라 서구식 세계지도(단원형 세계지도)의 조선적 해석의 산물이라는 입론을 제시한 것은 앞서 언급한 바와 같다.[64] 원형 천하도를 전적으로 도교적·신선적 세계관이 반영된 것으로 이해하는 것도 문제가 있지만 도교적·신선적 세계관의 반영을 부정하는 것 또한 문제가 있다.

내해와 내대륙에 위치한 지명들은 『산해경』에 수록된 것을 제외하면 다수가 도교 관련 문헌에서 볼 수 있는 것으로 신선들이 사는 선계仙界에 해당한다. 신선사상과 관련된 지명을 수록한 것은 기존 직방세계를 뛰어넘는 세계를 표현하기 위해 불가피한 일이었을지도 모른다. 직방세계를 주로 다루는 유교 경전에 수록된 지명으로는 직방세계의 외연을 표현하기가 힘들기 때문이다. 내해의 동쪽에 배치된 신선 관련 지명, 일월 출입처의 표시, 북쪽에 수목을 그린 점 등은 천하도가 신선사상과 관련되어 있음을 보여주는 사례이다. 이는 단순히 직방세계의 외연을 표현하기 위해 도교 문헌에서 지명을 차용한 것 이상의 의미가 담겨 있는, 천하도가 지니는 세계 인식의 특징이기도 하다.

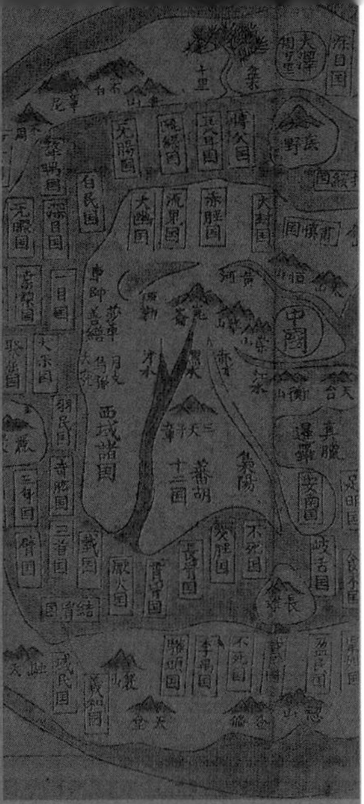

5

천하도 속으로의 여행

조선의 경우 『산해경』의 해내북경과 해내경에 보인다. 해내북경에는 "조선이 열양列陽의 동쪽에 있는데, 바다의 북쪽, 산의 남쪽이다"라고 기술되어 있고, 해내경에는 "동해의 안쪽, 북해의 모퉁이에 조선과 천독天毒이라는 나라가 있는데 그 사람들은 물가에 살며 남을 아끼고 사랑한다"라고 되어 있다.

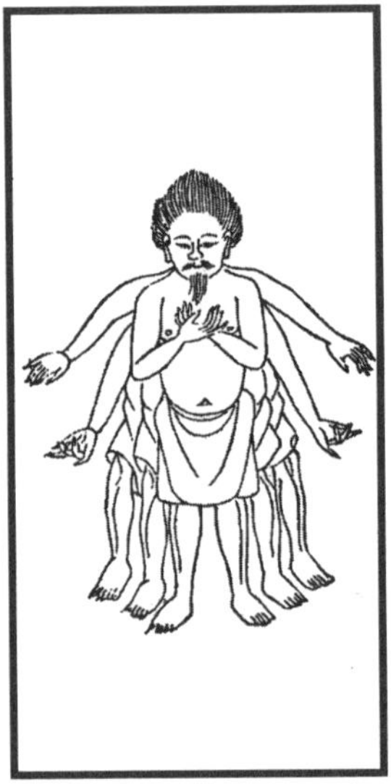

내대륙의 나라[65]

내대륙에는 대부분 당시 또는 역사적으로 실재했던 나라들이 표시되어 있고, 일부 『산해경』에 나오는 지명들이 수록되어 있다. 주요 국명을 보면 중국中國(1, 이하 괄호 안 숫자는 86쪽 〔표 2〕의 지명 번호), 조선朝鮮(2), 숙신국肅愼國(3), 대봉국大封國(4), 적경국赤脛國(5), 유귀국流鬼國(6), 대유국大幽國(7), 안남국安南國(8) 등이 '국' 자가 붙은 나라들이고, 서역의 나라들은 '국' 자 없이 이름만 기재되어 있다.

중국과 조선은 천하도 제작 당시 실재했던 나라로 지도의 중심부에 위치한다. 조선의 경우 『산해경』의 해내북경과 해내경에 보인다. 해내북경에는 "조선이 열양列陽의 동쪽에 있는데, 바다의 북쪽, 산의 남쪽이다"라고 기술되어 있고, 해내경에는 "동해의 안쪽, 북해의 모퉁이에 조선과 천독天毒이라는 나라가 있는데 그 사람들은 물가에 살며 남을 아끼고 사랑한다"라고 되어 있다. 곽박郭璞은 주석에서 조선을 한사군의 하나인 낙랑군으로 보았다. 글의 내용으로 볼 때, 우리나라를 가리키는 것으로 볼 수 있다.

숙신국(3)은 고대 중국의 동북 지방에 살았던 퉁구스족의 국가를 지칭하는 것으로 보이는데, 『산해경』에도 등장한다. 『산해경』에는 해외서경에 나오는 숙신국과 대황북경에 있는 숙신씨국이 있다. 지도에 표시된 숙신국은 방위로 볼 때, 대황북경에 있는 숙신씨국으로 보인다. 『산해경』에 "대황의 한가운데에 불함不咸, 현재의 백두산이라는 산이 있고, 숙신씨국이 있다"라고 했다. 곽박의 주석에서는 "숙신씨국은 요동으로부터 3000리 되는 곳에 있는 나라로 읍루국挹婁國이라고도 하며 사람들이 활쏘기를 잘하고 고목楛木과 청석靑石을 재료로 한 굳세고 강한 활을 만든다"라고 했다.

대봉국(4)은 견봉국犬封國의 오기로 『산해경』의 해내북경에는, "견봉국을 견융국犬戎國이라고 하는데 사람들의 생김새가 개를 닮았다"라고 했다. 머리는 개인데 몸은 사람으로 늑대인간인 셈이다. 일설에 의하면 이들은 황제黃帝의 후손 농명弄明이 낳은 흰 개 한 쌍이 퍼뜨린 자손이라고도 하고 고신씨高辛氏의 충견 반호盤瓠의 후손이라고도 한다.

적경국(5)과 대유국(7)은 『산해경』의 해내경에 나오는데, "대현산이 있고 현구민이 있으며, 대유국이 있고 적경민이 있다"라고 했다. 유귀국(6)은 『산해경』에 보이지 않고 『통전通典』이나 『신당서新唐書』 같은 문헌에 보인다. 『통전』 및 『신당서』에는, "당나라 정관貞觀 14년에 유귀국이 세 나라의 통역을 거쳐서 당에 조공하고, 스스로 말하기를 '북부여의 후예로 고구려에 멸망되어, 북으로 지루하池漏河를 건너가서 산다' 했는데, 지루하는 동북으로 흘러서 흑수黑水로 들어가고, 그 나라(유귀국)는 말갈靺鞨 동북에 있어, 항해하면 15일 만에 이른다고 한다. 나라에서 북으로 한 달쯤 가면 야차국夜叉

견봉국

國이 있는데, 사람들이 모두 돼지 같은 이빨로 사람을 문다고 한다"라고 했다. 이수광의 『지봉유설』에서도 "유귀국은 흑수말갈의 동북쪽에 있다"라고 했다.[66]

지금의 동남아시아에 위치해 있는 안남국, 섬라국, 진랍국, 유구국 등의 나라 이름은 『산해경』에서 볼 수 없다. 『산해경』이 저술된 이후에 나라 이름이 생겨났기 때문이다. 안남국(8)은 지금의 베트남에 해당하는 나라로 『산해경』에는 나오지 않는다. 『임하필기林下筆記』에, "안남은 옛날 교지交趾 땅으로, 본래는 당唐나라에 예속된 곳이었다. 송宋나라 때는 정씨丁氏, 여씨黎氏, 이씨李氏, 진씨陳氏가 서로 왕위를 전했다. 그곳 경작지에서는 1년에 두 번 농사를 짓는다. 관대冠帶는 당나라의 제도를 따른다. 부인의 귀와 띠에

다는 금환金環은 크고 작은 것을 가지고 등급을 나누었다. 백성들은 상례喪禮와 제례祭禮를 중요시하고 화기火器를 잘 만들었다"라고 기술되어 있다.[67]

이러한 나라들과 더불어 내대륙의 서쪽에는 서역의 여러 나라가 기재되어 있다. 소륵疏勒, 중국 신장웨이우얼자치구의 카스(135), 차사車師, 지금의 키르기스스탄 인근(136), 선선鄯善, 중국 신장웨이우얼자치구의 산산(137), 사차沙車, 중국 신장웨이우얼자치구의 사처(138), 대원大宛, 지금의 우즈베키스탄 페르가나 지역(139), 오손烏孫, 키르기스스탄 중서부 지역(140), 월지月支, 아프가니스탄 동부 지역(141) 등인데 모두 역사적으로 실재했던 나라이다.

내해의 나라

내해에는 실재했던 나라들과 『산해경』에 나오는 기이한 나라들이 섞여 있다. 일본을 비롯한 동남아 지역의 나라들은 실재했던 나라들이고 나머지는 대부분 상상 속의 나라들이다.

섬라국暹羅國(9)은 지금의 태국에 해당하는 나라로 『임하필기』에는 "섬라는 바로 수隋, 당唐 때의 적토국赤土國인데, 뒤에 나곡羅斛과 섬暹이라는 두 나라로 나뉘었다가 섬은 다시 나곡에 병탄되었다. 품계가 높은 사람은 위가 뾰족한 금모金帽에 구슬을 박았고, 인재를 뽑을 때는 백성을 다스리는 일을 가지고 문답을 펼쳐 합당한 자를 만나면 즉시 벼슬을 주었다. 그 백성들은 수전水戰에 익숙하고, 코끼리를 길러 상아를 채취했다"라고 기술되어 있다.

진랍국眞臘國(10)은 지금의 캄보디아에 해당하는 나라로 다양한 문헌에 소개되어 있다. 이수광의 『지봉유설』에는 "진랍국은 본래 부남扶南이다. 땅이 사방 7000여 리이고 점성占城의 서남해 가운데에 있다. 섬라와의 거리는 15일을 걸려서 여행할 만한 이수里數이다. 그 나라는 매우 웅대하고 부유하며 풍속은 화려하고 사치스러운 것을 숭상한다. 그런 까닭에 예전에는 부귀진랍국이라고 일컬었다 한다. 사계절이 항상 5, 6월 같은 기후이고 4월에서 9월까지는 매일 비가 오고, 10월에서 3월까지는 비가 거의 내리지 않는다"라고 되어 있다.

유구국琉球國(11)은 류큐국(오키나와어: 류추쿠쿠)으로 동중국해의 동남쪽, 현재 일본 오키나와 현 일대에 위치했던 독립 왕국이다.[68] 100여 년간 3국으로 분할되어 있던 것을 1429년에 중산국中山國이 통일하여 건국했다.

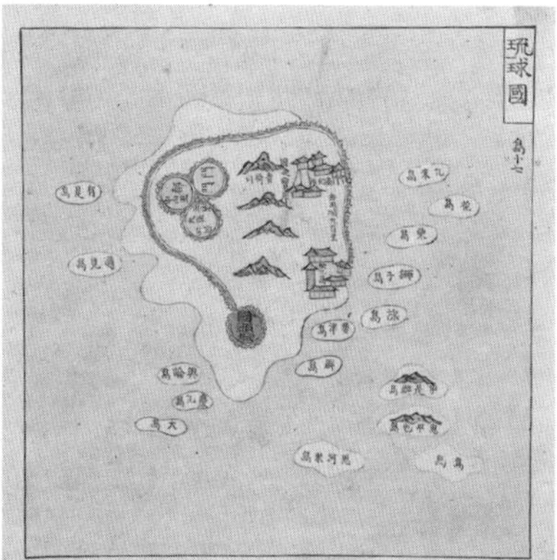

유구국

천하도에 유구국이 수록된 것으로 볼 때 천하도는 최소한 유구국 건국 이후에 제작된 것임을 알 수 있다. 이수광의 『지봉유설』에는 "그 나라는 우리나라 제주의 남쪽에 있어서 맑은 날에는 제주에서 희미하게 바라보인다고 한다. 아마 해로로는 그다지 멀지 않을 것이다"라고 기술되어 있는데, 실제보다 더 가까운 지역으로 인식하고 있었음을 알 수 있다.

일본국(12)은 조선의 인접국으로 중국과 더불어 조선과 많은 교류 관계를 가졌던 나라다. 한국과 중국의 옛 문헌에서는 본래 '왜倭'라 표기했다. 이후 일본에서는 '왜'를 '화和'로 고치고 '야마토'라 지칭하다가 8세기 다이호大寶 원년(701년) 다이호 율령에 의해 국명을 '일본日本'이라 했다. 일본이라는 이름은 중국과 한반도로부터 '해가 떠오르는 곳'에 있다는 데에서 유래

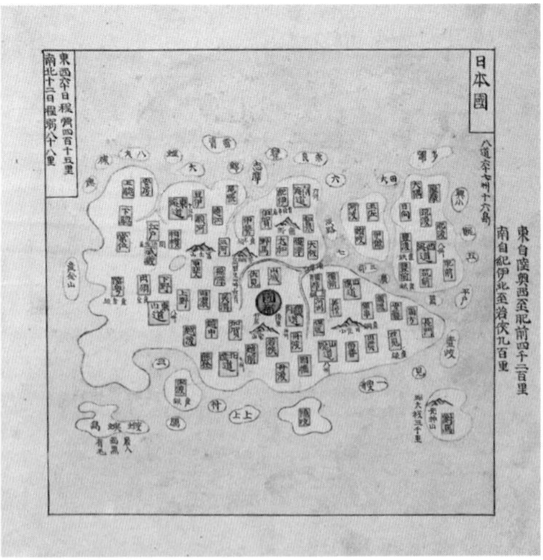

일본국

한다. 이와 관련하여 이수광의 『지봉유설』에는 "일본의 옛 이름은 왜노倭奴다. 한나라 무제 때 처음으로 중국과 통교했으며, 당나라 때에 이르러 나라 이름을 일본으로 고쳤다"라고 기술하고 있다.

명조국明徂國(13)은 『산해경』의 해내북경에 나오는 '명조읍明組邑'을 가리킨다. 『산해경』에는 "명조읍이 바다 한가운데에 있다"라고 했다. 이 나라 이름 표기와 관련하여 위백규의 필사본 『환영지』에는 '명조읍明徂邑'이라 표기되어 있는데, '조' 자의 표기가 다르지만 『산해경』의 '명조읍'을 가리키는 것이 확실하다. 『산해경』의 주석을 쓴 학의행郝懿行은 "명조읍이 바다 한가운데에 있는 마을 이름인 듯하나 확실하지는 않다"라고 했다.

양국暘國(14)은 표기된 위치로 보아 『산해경』의 해외동경과 대황동경에 나오는 '양곡湯谷'으로 보인다. 양湯은 판본에 따라 '양暘'으로도 표기되어 있다. 『산해경』에는 "양곡 위에는 부상扶桑이 있는데, 이곳은 열 개의 태양이 목욕을 하는 곳으로 흑치의 북쪽에 있다"라고 되어 있다. 『천하도』에도 인근에 부상이 그려져 있다.

모민국毛民國(15)은 『산해경』의 해외동경에 보이는데, "모민국 사람들의 몸에는 털이 나 있다"라고 했다. 곽박의 주석에는 "지금 임해군에서 동남쪽으로 2000리 되는 바다 한가운데 큰 섬에 털북숭이 사람이 살고 있다. 그들은 체격이 왜소하고 온몸에 털이 나 있는데 마치 돼지털이나 곰털 같고 굴속에 살며 옷을 입지 않는다"라고 되어 있다.

노민국勞民國(16)도 『산해경』의 해외동경에 보인다. 『산해경』에서는 "노민국이 그 북쪽에 있는데 그 사람들은 몸 색깔이 검다. 혹은 교민教民이라고도 한다"라고 기술하고 있다. 곽박의 주석에서는 "노민국 사람들은 과일과 풀열매를 먹는다. 머리가 둘인 새가 있다"라고 하고 있다.

모민국

현고국玄股國(17)은 『산해경』의 해외동경에 비교적 상세히 기술되어 있다. 『산해경』에는 "현고국이 그 북쪽에 있는데 그 사람들은 넓적다리가 검고 물고기를 옷으로 입고 갈매기를 먹는다. 두 마리의 새가 그들 사이에 있다"라고 되어 있다. 곽박의 주석에서는 넓적다리 이하가 모두 검기 때문에 붙여진 이름이라 했다.

내해의 북쪽은 대부분 『산해경』에 나오는 기이한 나라들로 이루어져 있다. 구수국拘綏國(18)은 『산해경』의 해외북경에 나오는 '구영국拘纓國'의 오기이다. 『산해경』에는 "구영국이 그 동쪽에 있는데 한 손으로 혹을 잡고 있다. 혹은 이영국利纓國이라고도 한다"라고 기술되어 있다. 서울대학교 규장각한국학연구원 소장 천하도 필사본(〈천하제국도天下諸國圖〉)에는 구영국으로 제대로 표기되어 있다.

박보국

박보국博父國(19)은 『산해경』의 해외북경에 나오는데, "박보국이 섭이의 동쪽에 있다. 그 사람들은 덩치가 크고 오른손에 푸른 뱀을, 외손에는 누런 뱀을 쥐고 있다. 등림이 그 동쪽에 있는데, 두 그루의 나무로 되어 있다. 혹은 과보국夸父國이라 칭한다"라고 기술되어 있다.

섭이국聶耳國(20)은 『산해경』의 해외북경에 나온다. 『산해경』에는 "두 마리의 무늬 호랑이를 부리며 귀가 길어서 걸어다닐 때 그 사람들은 두 손으로 자신의 귀를 잡고 있다. 외따로 떨어져 바다 한가운데에 사는데 물가 근처에는 괴물들이 드나든다"라고 되어 있다. 이용李冗의 『독이지獨異志』에는 "『산해경』에 대이국大耳國이라는 나라가 있는데 그 사람들은 잘 때 항상 한쪽 귀는 깔개로 하고 한쪽 귀는 이불로 삼는다"라고 기술하고 있다. 이러한 섭이국 사람의 모습은 서양의 신화서에서 볼 수 있는데, 3세기경 솔리누스 Gaius Julius Solinus의 『기이사물집성*Collectanea Rerum Memorabilium*』에도 수록되어 있다. 『산해경』에 나오는 머리 없는 인간인 형천形天도 이 책에서 볼 수 있다. 이러한 사실로 인해 일부 서양 학자들은 『산해경』에 수록된 기이한 나라들이 그리스에 기원을 두고 있다고 하나 이는 지나치게 전파론적 사고를 따르는 것이라 할 수 있다. 오히려 고대 그리스나 고대 동양의 중국에서 미지의 지역인 중앙아시아 같은 곳에 대한 동일한 풍문에 기초하여 만들어졌을

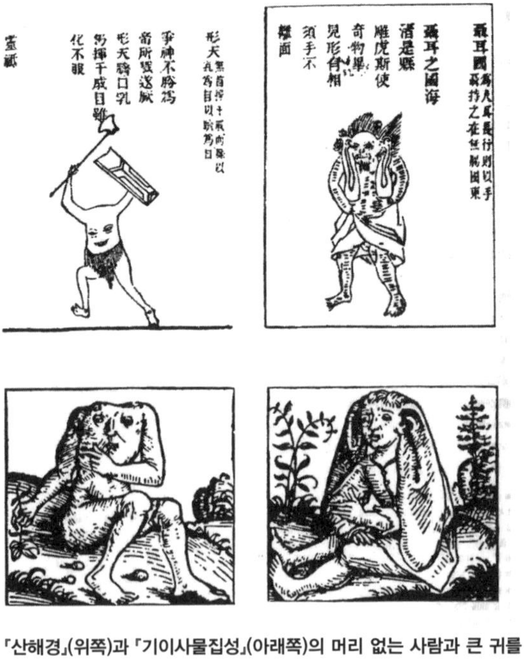

「산해경」(위쪽)과 「기이사물집성」(아래쪽)의 머리 없는 사람과 큰 귀를 지닌 사람.

수도 있다.

구사국歐絲國(21)은 『산해경』에는 나라가 아닌 '구사야歐絲野'로 나온다. 『산해경』에는 "구사야가 대종大踵의 동쪽에 있는데 한 여인이 무릎을 꿇고 나무에 기대 실을 토해내고 있다"고 기술되어 있다. 곽박의 주석에서는 누에가 뽕을 먹고 실을 토해내는 모습을 형상화한 것이라고 한다.

무장국無腸國(22)은 『산해경』의 해외북경에 나온다. 『산해경』에서는 "무장국이 심목의 동쪽에 있다. 그 사람들은 키가 크고 창자가 없다"라고 했다. 곽박의 주석에서는 "신체가 장대한데 뱃속에 창자가 없어 먹은 음식물이 바로 통과한다"라고 되어 있다.

이우국犂禺國(23)은 『천하도』에서 여러 형태로 표기된다. 목판본에는 '무우犂隅'로 되어 있고, 일부 필사본에는 '무우務禺'라고 표기된 경우도 있다. 이런 점을 고려할 때, 이것은 『산해경』의 해외북경에 나오는 '무우산務隅山'에 해당한다고 볼 수 있다. 『산해경』에는 "무우산에는 전욱顓頊 임금이 남쪽에 묻혀 있고 아홉 명의 후궁이 북쪽에 묻혀 있다"라고 되어 있다.

백민국白民國(24)은 『산해경』의 해외서경에 나온다. 『산해경』에는 "백민국이 용어龍魚의 북쪽에 있는데, 그 사람들은 몸빛이 희고 머리를 풀어헤치고 있다. 승황乘黃이라는 짐승이 있는데 생김새는 여우 같으나 등 위에 뿔이 있고 그것을 타면 2000살까지 살 수 있다"라고 기술되어 있다. 승황은 서양의 연금술에 자주 등장하는 일각수一角獸, unicon 상징과 관련이 있다.[69]

심목국深目國(25)은 『산해경』의 해외북경과 대황북경에 나온다. 『산해경』

무계국

에서는 "심목국 사람들은 눈이 움푹 들어가고 한 손을 들고 있다. 혹은 공공대共工臺의 동쪽에 있다고 한다"라고 되어 있다.

무가국無暇國(26)은 『산해경』에는 없는 국명이다. 지명이 표기된 위치로 보아 해외북경에 나오는 무계국無膂國의 오기인 것으로 보인다. 『산해경』에는 "무계국이 장고의 동쪽에 있는데, 그 사람들은 후손이 없다"라고 되어 있다. 곽박의 주석에 따르면, "그 사람들은 동굴에서 사는데 흙을 먹으며 남녀의 구분이 없다. 죽어서 땅에 묻어도 심장이 썩지 않아 죽은 지 120년이 지나면 다시 살아난다"라고 한다. '계膂' 자는 '계繼'의 잘못이다.

무함국巫咸國(27)은 『산해경』의 해외서경에 나온다. 『산해경』에는 "무함국이 여축의 북쪽에 있다. 무당들이 오른손에는 푸른 뱀을, 왼손에는 붉은 뱀을 쥐고 등보산에 있는데, 이 산은 여러 무당이 오르내리는 곳이다"라고 되어 있다. 무함은 고대의 무당 이름인데, 무함국은 무당들이 조직한 국가를 말한다.

상리국桑梨國(28)은 『산해경』에 나오지 않는다. 지명이 표기된 위치와 글자의 형태로 보아 해외북경에 나오는 '유리국柔利國의 오기로 보인다. 『산해경』에는 "유리국이 일목一目의 동쪽에 있다. 그 사람들은 외팔에 외다리인데 반대쪽으로 휘어진 무릎과 구부러진 발로 땅 위를 딛고 있다. 혹은 유리국留利國이라 하기도 한다"라고 되어 있다.

일목국

일목국一目國(29)은 『산해경』의 해외북경에 나온다. 『산해경』에는 "일목국이 그 동쪽에 있는데 외눈이 얼굴 한 복판에 있다"라고 되어 있다.

대락국大樂國(30)은 『산해경』의 해외서경에 보이는데, 나라 이름이 아닌 들판 이름으로 되어 있다. 『산해경』에는 "하후계가 대락야大樂野에서 구대九代라는 춤을 추었다. 두 마리 용을 탔는데 오색구름이 삼층으로 머리 위를 덮었고 왼손에 깃일산을, 오른손에 옥고리를 쥐고 황옥을 띠에 장식했다"라고 기술되어 있다.

취굴국聚屈國(31)은 『산해경』에는 나오지 않고 동방삭東方朔의 『해내십주기海內十洲記』 같은 도교 관련 서적에 나온다. 취굴은 도교에서 바다의 신선들이 사는 열 개의 섬 가운데 하나로 서쪽에 위치한다. 이 섬을 천하도에서 취하여 그린 것으로 볼 수 있다.

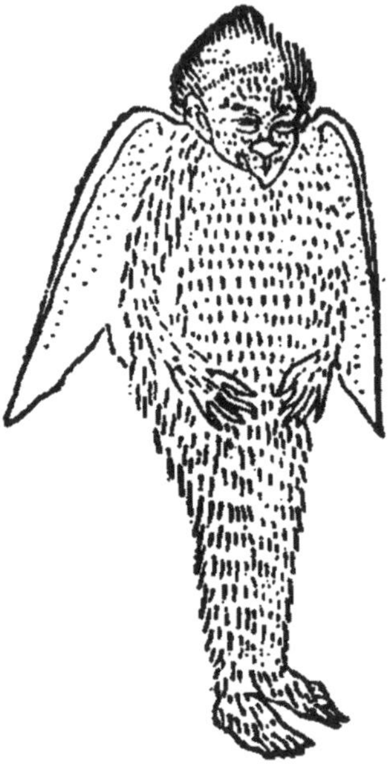
우민국

가비국伽毗國(32)은 『산해경』에는 보이지 않는다. 천축에 있는 나라 가운데 하나로 불교 관련 문헌에 등장한다.

우민국羽民國(33)은 『산해경』의 해외남경과 대황남경에 나온다. 해외남경에는 "우민국이 그 동남쪽에 있는데 그 사람들은 머리가 길고 몸에 날개가 나 있다. 혹은 비익조比翼鳥의 동남쪽에 있는데 그 사람들은 빰이 길다고도 한다"라고 되어 있다. 곽박의 주석에서는 "날 수는 있지만 멀리는 못 간다. 알을 낳으며 그림을 보면 마치 신선 같다"라고 했다.

장각국長脚國(34)은 『산해경』의 해외서경에 나온다. 『산해경』에서는 "장고국長股國이 웅상雄常의 북쪽에 있는데, 그 사람들은 머리를 풀어헤치고 있다. 혹은 장각長脚이라 한다"라고 되어 있다. 즉, 장고국과 같은 나라임을 알 수 있다. 곽박의 주석에서는 "다리의 길이가 3장丈을 넘고 항상 장비인長臂人을 등에 업고 바다에서 고기를 잡는다"라고 했다. 그러나 필사본을 포함한 대부분의 천하도에는 장각국이 아닌 기굉국奇肱國으로 잘못 표기되어 있다. 여온呂溫 계열의 목판본 천하도에만 제대로 표기되어 있다.

삼신국三身國(35)은 『산해경』의 해외서경과 대황남경에 보인다. 『산해경』에는 "삼신국이 하후계의 북쪽에 있는데, 사람들은 머리가 하나에 몸이 셋이다"라고 되어 있다.

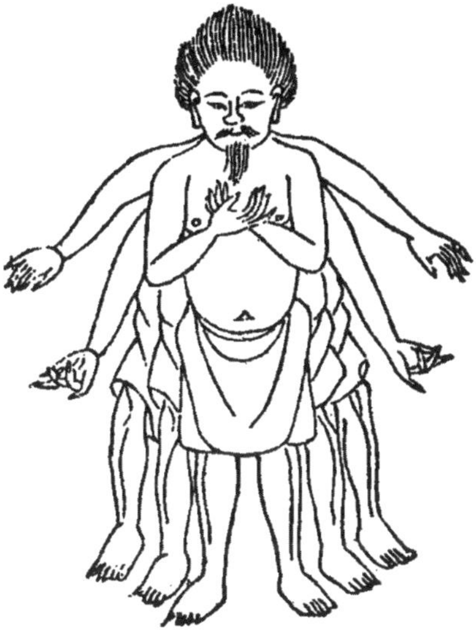

삼신국

기굉국奇肱國(36)은 『산해경』의 해외서경에 나온다. 『산해경』에는 "기굉국 사람들은 팔이 하나에 눈이 셋이며 암수 한 몸이고 무늬 있는 말을 탄다. 이곳의 어떤 새는 머리가 둘이고 적황색인데 그 곁에 있다"라고 했다. 곽박의 주석에는 "그 사람들은 기계장치를 잘 만들어 그것으로 온갖 짐승을 잡기도 하고 나는 수레를 만들 줄 알아 바람을 타고 멀리 다니기도 한다"고 되어 있다.

비국臂國(37)은 본래 일비국一臂國인데 '일' 자가 탈락되어 있다. 여온 계열의 목판본 천하도에는 일비국으로 표기되어 있다. 『산해경』의 해외서경에 "일비국이 그 북쪽에 있는데 그 사람들은 팔, 눈, 콧구멍이 모두 한 개씩이다. 호랑이 무늬를 한 누런 말이 있는데 눈과 손이 한 개씩이다"라고 되어 있다.

삼수국三首國(38)은 『산해경』의 해외남경에 수록되어 있다. 『산해경』에는

"삼수국이 그 동쪽에 있는데 그 사람들은 한 몸에 머리가 셋이다"라고 되어 있다.

질국䳋國(39)은 『산해경』의 해외남경에 보인다. 『산해경』에는 "질국이 그 동쪽에 있는데 그 사람들은 몸빛이 누렇고 활을 잡아 뱀을 잘 쏜다. 혹은 질국이 삼모의 동쪽에 있다고도 한다"라고 기술되어 있다. 곽박의 주석에는 "오곡과 의복이 절로 생겨나는 나라"라고 되어 있다. 대황남경의 질민국䳋民國과 같은 나라다.

결흉국結胸國(40)은 『산해경』의 해외남경에 보인다. 『산해경』에는 "결흉국이 그 서남쪽에 있는데 그 사람들은 가슴이 튀어나와 있다"고 되어 있다. 곽박의 주석에 따르면, "가슴 앞의 뼈마디가 튀어나온 것이 마치 사람 목의 연골이 솟아나온 것과 같다"라고 한다.

염화국厭火國(41)은 『산해경』의 해외남경에 나온다. 『산해경』에는 "염화국이 그 나라 남쪽에 있는데 그 사람들은 짐

기굉국

삼수국

염화국

관흉국

승의 몸에 검은빛이며 불이 그 입속에서 나온다. 혹은 환추의 동쪽에 있다고도 한다"라고 되어 있다.

관흉국貫胸國(42)은 『산해경』의 해외남경에 나온다. "관흉국이 그 동쪽에 있는데 그 사람들은 가슴에 구멍이 나 있다. 혹은 질국의 동쪽에 있다고도 한다"라고 되어 있다. 주치중周致中의 『이역지異域志』에는 '천흉국穿胸國'으로 표기되어 있는데, "천흉국은 성해盛海의 동쪽에 있는데 가슴에 구멍이 있어서 존귀한 이는 옷을 벗고 비천한 것들로 하여금 대나무로 가슴을 꿰어 들고 다니게 한다"라고 기술하고 있다.

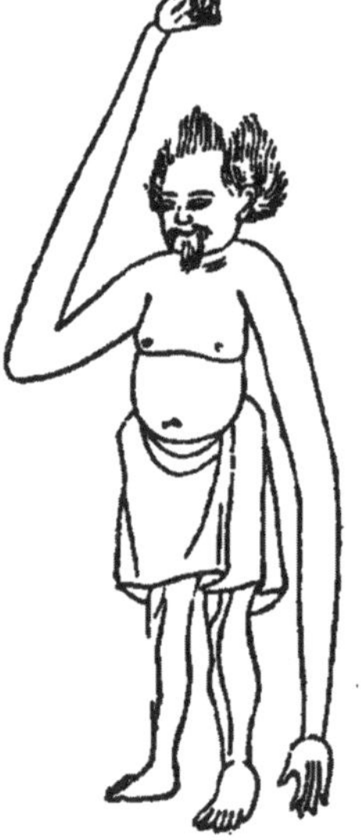
장비국

장비국長臂國(43)은 『산해경』의 해외남경에 보인다. 『산해경』에는 "장비국이 그 동쪽에 있는데 물속에서 고기를 잡아 양손에 각각 한 마리씩 들고 있다. 혹은 초요의 동쪽에 있는데 바닷속에서 물고기를 잡는다고도 한다"라고 되어 있다. 곽박의 주석에는 "옛날 얘기로는 그 사람들의 손이 땅까지 늘어져 있었다고 한다. 위魏 황초黃初 중에 현도玄菟 태수 왕기王頎가 고구려왕 궁宮을 토벌하여 추격할 때 옥저국沃沮國을 지나게 되었는데 그 동쪽 끝은 큰 바다에 임하여 해 뜨는 곳에 가까웠다. 그곳의 노인에게 바다 동쪽에도 사람이 살고 있는지 물었더니 대답하기를 '언젠가 바다 한가운데에서 한

벌의 베옷을 얻었는데 몸 크기는 보통 사람만하나 두 소매 길이가 3장丈이나 하니 바로 장비인의 옷이다'라고 했다"라고 기술되어 있다.

교경국交脛國(44)은 『산해경』의 해외남경에 보인다. 『산해경』에는 "교경국이 그 동쪽에 있는데 그 사람들은 종아리가 엇갈려 있다. 혹은 천흉의 동쪽에 있다고도 한다"라고 했다. 곽박의 주석에서는 "교경은 다리가 굽어 엇갈려 있는 것으로 교지交趾라고도 한다"라고 했다.

교경국

불사국不死國(45)은 『산해경』의 해외남경과 대황남경에 보인다. 해외남경에서는 "불사민不死民이 그 동쪽에 있는데 그 사람들은 몸빛이 검으며 오래 살고 죽지 않는다"라고 했고, 대황남경에서는 "불사국이 있는데 성이 아씨阿氏이며 감목甘木을 먹고 산다"라고 했다. 위치상으로 볼 때 두 나라는 같은 나라를 지칭하는 것으로 보인다.

기설국岐舌國(46)은 『산해경』의 해외남경에 수록되어 있다. 『산해경』에서는 "기설국이 그 동쪽에 있다. 혹은 불사민의 동쪽에 있다고도 한다"라고 했다. 곽박의 주석에서는 "사람들의 혀가 모두 갈라져 있다. 혹은 지설支舌이라고도 한다"라고 했다.

식목국食木國(47)은 출처 미상이다.

장사국長沙國(48)은 『산해경』의 해내경에 '장사'라는 지명이 보인다. 그러나 나라에 대한 구체적인 설명은 없다.

족명국足明國(49)은 출처 미상이다.

부상국扶桑國(50)이라는 나라 이름은 『산해경』에는 없다. 단지 부상에 대해 기술했을 뿐이다. 부상국은 중국의 『양서梁書』에 처음 등장하는데 "중국의 동쪽 바다에 있고, 땅에 부상나무가 많아서 이름 붙였다"라고 했다.[70]

치치국蚩蚩國(51)은 대부분의 천하도에서는 맨 처음 '치蚩' 자가 속자로 씌어 있고 그다음 치 자는 반복되는 글자를 표시하는데 '이二' 자처럼 보여 '이二'로 표기한 것이 많다. 치치국은 『산해경』이나 중국의 다른 문헌에는 안 보이고 조재삼趙在三의 『송남잡지松南雜識』에 보인다. 여기서 치치국은 동해 가운데 있는 나라로 기술되어 있다.[71]

구시국鳩始國(52)은 시구국始鳩國의 오기로 『산해경』의 해내동경에 나온다. 『산해경』에는 "시구가 바다 한가운데에 있는데 원려의 남쪽이다"라고 했다.

소인국小人國(53)은 『산해경』의 대황동경에 나온다. 『산해경』에는 "소인국이 있는데 이름을 정인靖人이라고 한다"라고 했다. 곽박의 주석에는 "『시함신무詩含神霧』에 '동북쪽 끄트머리에 키가 아홉 치 되는 사람이 있다'고 했는데 아마 여기의 소인을 두고 말하는 것 같다"라고 했다. 그러나 여온 계열의 목판본 천하도를 제외하면 대부분의 천하도에서 대인국大人國으로 잘못 표기하고 있다.

소인국

외대륙의 나라

숙녀국淑女國(54)은 숙사국淑士國의 오기로 『산해경』의 대황서경에 나온다. "숙사라는 나라가 있는데, 전욱의 자손이다"라고 했다.

수마국壽麻國(55)은 『산해경』의 대황서경에 나온다. 『산해경』에는 "수마국이 있다. 남악南嶽이 주산州山의 딸을 아내로 맞이했는데 이름은 여건女虔이라 했다. 여건이 계격季格을 낳고 계격이 수마를 낳았다. 수마는 똑바로 서면 그림자가 없고 크게 외쳐도 메아리가 없다. 이곳은 더위가 대단해서 갈 수 없다"라고 했다.

헌원국軒轅國(56)은 『산해경』의 해외서경과 대황서경에 나온다. 해외서경에 "헌원국이 궁산窮山의 끝에 있는데, 그곳에서는 오래 살지 못하는 사람이 800살이다. 여자국의 북쪽에 있으며 사람의 얼굴에 뱀의 몸을 하고 꼬리가 머리 위에 말려 있다"라고 했다.

여자국女子國(57)도 『산해경』의 해외서경과 대황서경에 나온다. 해외서경에 "여자국이 무함巫咸의 북쪽에 있는데 두 여인이 함께 살며 물이 그곳을 에워싸고 있다. 혹은 한집 안에 거처한다고도 한다"라고 했다. 곽박의 주석에는 "황지黃池라는 못이 있는데 부인들이 들어가 목욕하고 나오면 곧 임신을 한다. 만약 남자를 낳을 경우 세 살만 되면 죽었다"라고 했다.

운화국雲和國(58)은 『산해경』이나 다른 중국 문헌에서는 볼 수 없고, 조선의 『송남잡지』에 서해에 있는 나라로 표기되어 있다. 그러나 운화국에 대한 정보는 전혀 수록되어 있지 않다.

화산국火山國(59)은 『산해경』에는 보이지 않는다. 반면 송대의 지리지인 『태평환우기太平寰宇記』에 자세히 기술되어 있다. 이 책에 따르면, "수나라 때 처음 알려졌다. 제박諸薄에서 동쪽으로 5000리인데 나라 안의 모든 산에 불이 있고, 비가 와도 그치지 않는다"라고 했다. 이로 볼 때 『산해경』에 나오는 상상의 나라가 아니라 화산이 폭발하고 있던 실재 지역인 듯하다.

호인국互人國(60)은 『산해경』의 대황서경에 나온다. 『산해경』에는 "호인국이 있는데, 영개라는 염제炎帝의 손자가 있어 그가 호인을 낳았다. 그는 하늘에 오르내리길 잘했다"라고 했다. 곽박의 주석에서는 "사람의 얼굴에 물고기의 몸을 하고 있다"라고 했다. '호互' 자는 '저氐' 자의 오기로 보기도 한다.

역민국域民國(61)은 『산해경』의 대황남경에 보인다. 『산해경』에는 '역域' 자가 '역蜮'으로 되어 있다. 대황남경에는 "역산이라는 곳이 있어 역민국이 있는데, 성이 상씨로 기장을 먹고 살며 물여우를 쏘아 그것을 잡아먹는다.

호인국

어떤 사람이 지금 활을 당겨 누런 뱀을 쏘고 있는데, 이름이 역인蜮人이라 한다"라고 했다. 곽박의 주석에서는 "역은 물여우다. 자라같이 생겼는데 모래를 머금어 사람을 쏘며 여기에 맞으면 병들어 죽는다. 이 산에서 나기 때문에 또한 그렇게 이름 지은 것이다"라고 했다.

희화국羲和國(62)은 『산해경』의 대황남경에 보인다. 『산해경』에는 "동해의 밖, 감수甘水의 사이에 희화국이 있다. 희화라는 여자가 있어 지금 감연甘淵에서 해를 목욕시키고 있다. 희화는 제준帝俊의 아내로 열 개의 해를 낳았다"라고 했다. 위안커袁珂는 주석에서 희화국의 방위로 볼 때 대황동경에 있어야 한다고 했는데, 천하도에는 『산해경』을 따라 동남쪽에 표시되어 있다.

환두국驩頭國(63)은 『산해경』의 대황남경에 나온다. 대황남경에는 "대황의 한가운데에 환두驩頭라는 사람이 있다. 곤鯀의 아내는 사경士敬이고 사경의 아들을 염융炎融이라고 하는데 그가 환두를 낳았다. 환두는 사람의 얼굴에 새의 부리를 하고 날개가 달려 있는데, 바닷속의 물고기를 먹고 날개

환두국

를 지팡이 삼아 다니며 차조와 검은 기장, 올벼와 버들을 먹고 산다"라고 기술되어 있다. 해외남경에도 환두국이 나오지만 '환驩' 자가 '환讙' 자로 되어 있다. 해외남경에는 "환두국이 그 남쪽에 있는데 그 사람들은 사람의 얼굴에 날개가 있고 새의 부리를 하고 있으며 지금 물고기를 잡고 있다. 혹은 필방畢方의 동쪽에 있다고도 하고 혹은 환주국讙朱國이라고도 한다"라고 했다. 외형의 묘사가 같은 것으로 보아 같은 나라를 지칭하는 것으로 보인다.

계우국季禺國(64)은 『산해경』의 대황남경에 보인다. 『산해경』에는 "계우국이 있는데 전욱의 자손으로 기장을 먹고 산다"라고 했다.

질민국臷民國(65)은 『산해경』의 대황남경에 상세히 기술되어 있다. "질민국이 있는데 순임금이 무음無淫을 낳자 그가 질臷의 처소에 내려와 살았는데 이를 무질민巫载民이라고 한다. 무질민은 성이 반肦씨로 곡식을 먹고 사는데 길쌈도 않고 베를 짜지 않아도 옷을 해 입으며, 파종도 않고 추수를 하지 않아도 밥을 먹는다. 이곳에는 노래하고 춤추는 새가 있는데, 난새가 절로 노래 부르고 봉새가 절로 춤춘다. 여기는 온갖 짐승이 서로 무리지어 살며, 온갖 곡식이 쌓여 있는 곳이다"라고 다른 나라에 비해 소상하게 기술했다.

영민국盈民國(66)도 『산해경』의 대황남경에 나온다. 『산해경』에는 "영민국이 있는데 성이 어於씨이며 기장을 먹고 산다. 또 어떤 사람이 지금 나뭇잎을 먹고 있다"라고 되어 있다.

서성국鼠姓國(67)은 『산해경』이나 중국 문헌에서 찾아보기 힘들다. 『송남잡지』에 보이는데, 이 책에는 서남해에 있는 나라로 기재되어 있다.

훈민국壎民國(68)은 『산해경』의 대황동경에 보인다. 『산해경』에는 "대황의 한가운데에 의천猗天과 소문蘇門이라는 산이 있는데 해와 달이 돋는 곳이다. 훈민국이 있다"라고 되어 있다. 실제 천하도에도 훈민국 옆으로 소문산과 의천산이 그려져 있다.

여인국女人國(69)은 여자국(57)과는 다른 나라로 보인다. 천하도에도 여자국은 외대륙의 서쪽 지역에 있으나 여인국은 외대륙의 동남 지역에 표시되어 있다. 여인국에 대해서는 『산해경』에 기술된 것이 없다. 1607년 명나라의 왕기王圻가 간행한 『삼재도회』에는 여인국에 대해 그림과 함께 설명이 수록되어 있다. 『삼재도회』에는 "동남 해상에 있다. 옛날 선박이 표류하다 그 땅에 도착했는데 많은 여인이 남자들을 데리고 갔으나 모두 죽었다. 단

「삼재도회」에 수록된 여인국

지 한 지혜로운 자가 밤에 몰래 배를 훔쳐 돌아갈 수 있었다. 마침내 이 일을 세상에 전하여 알려졌다. 여인국에서는 여인이 남풍이 불 때 나체로 바람을 느끼면 아이를 낳는다 한다"라고 기술되어 있다. 이러한 것으로 볼 때 여자국과 여인국은 별개의 나라임을 알 수 있다. 이형상李衡祥의 『남환박물南宦博物』에는 제주에서 여인국까지의 거리가 8000리라 했다. 여인국에 대한 인식은 조선시대에 널리 퍼졌던 것으로 보인다. 위백규의 『환영지』에는 "여인국은 일본과 가까운데 바람을 쐬면 임신한다. 표도인의 양물陽物로 감체甘蔕를 만들어 그들의 왕에게 바쳤다"라고 했다. 여인국을 일본과 가까운 곳에 위치한 실재하는 나라로 인식했음을 알 수 있다.

군자국君子國(70)은 『산해경』의 대황동경에 나온다. 『산해경』에는 "군자국이 그 북쪽에 있다. 그 사람들은 의관을 갖추고 칼을 차고 있으며 짐승을 잡아먹는다. 두 마리의 무늬 호랑이를 부려 곁에 두고 있으며 사양하기를 좋아하여 다투지 않는다. 훈화초薰華草라는 식물이 있는데 아침에 나서 저녁에 죽는다"라고 기술되어 있다.

중용국中容國(71)은 『산해경』의 대황동경에 나온다. 『산해경』에는 "제준帝俊이 중용을 낳았는데 중용의 사람들은 짐승과 나무열매를 먹고 살며 표범, 호랑이, 곰, 말곰 등 네 종류의 짐승을 부린다"라고 했다.

사유국司幽國(72)은 『산해경』의 대황동경에 나온다. 『산해경』에는 "사유국이 있는데, 제준이 안룡晏龍을 낳고 안룡이 사유를 낳고 사유가 사사思士를 낳았는데 그는 장가를 들지 않았고 사녀思女는 시집을 가지 않았다. 기장과 짐승을 먹고 살며 네 종류의 짐승을 부린다"라고 했다.

하주국夏州國(73)은 『산해경』의 대황동경에 나오는데 나라에 대한 설명은 없다.

용백국龍伯國(74)은 『산해경』에는 나오지 않고 『열자列子』에서 볼 수 있다. 『열자』의 「탕문湯問」 편에는 "발해渤海의 동쪽에 깊은 골짜기가 있는데, 그 안에 대여岱輿, 원교員嶠, 방호方壺, 영주瀛洲, 봉래蓬萊의 다섯 선산仙山이 있다. 이들은 모두 바다에 떠 있으므로 항상 조수를 따라 오르락내리락하므로 상제上帝가 사방으로 떠내려갈까 걱정스러워 열다섯 마리의 자라로 하여금 머리를 들어 떠받치고 있게 했는데, 3교대로 6만 년마다 한 번 교대하게 했다. 이에 다섯 선산이 비로소 움직이지 않게 되었다. 그런데 용백국의 거인이 한 번 낚시질을 하여 여섯 마리의 자라를 잡아서 이를 짊어지고 그 나라로 돌아가자, 대여와 원교 두 산이 북극으로 흘러가 큰 바다 아래로 가라

앉았다 한다"라고 기술되어 있다. 곽박은 용백국을 『산해경』의 대인국에 비정했다.

중태국中泰國(75)은 중진국中秦國의 오기이다. 『산해경』에는 보이지 않는다. 중국의 『고미서古微書』에는 "곤륜산을 따라 북쪽으로 9만 리 가면 용백국이 있는데, 사람들의 키가 30장丈이고 만 8000살을 살고 죽는다. 곤륜산에서 남쪽으로 가면 대진大秦인데 사람들의 키가 10장이고 모두 비단옷을 입는다. 이곳에서 동쪽으로 10만 리 가면 조인국佻人國인데 사람들의 키가 30장 5척이다. 이곳에서 다시 서쪽으로 10만 리 가면 중진국中秦國인데 사람들의 키가 1장이다. 대진국의 사람들도 만 8000살을 산다"라고 기술되어 있다.[72] 1장은 10자인데 1자를 30센티미터로 본다면 중진국도 대인들이 사는 나라인 듯하다.

소호국少昊國(76)은 『산해경』의 대황동경에 나온다. 『산해경』에는 "동해 밖에 대학大壑이 있는데 여기가 소호국이다. 소호가 전욱 임금을 이곳에서 키우고 그때의 거문고를 버려두었다. 감산甘山이라는 곳이 있어 감수甘水가 여기에서 나와 감연甘淵을 이룬다"라고 되어 있다.

조인국佻人國(77)도 『산해경』에서는 볼 수 없다. 위에 인용한 『고미서』에 기재된 것처럼 키가 30장 5척이나 되는 거인들이 사는 나라임을 알 수 있다. 일부 목판본 천하도에는 국명 옆에 '인장삼십오척人長三十五尺'이라는 주기가 있다. 30장 5척을 35척으로 잘못 표기했다.

대인국大人國(78)은 『산해경』의 대황동경과 대황북경에 보인다. 대황동경에는 "파곡산이라는 곳에 대인국이 있다. 이곳에 대인당大人堂이라는 거인들의 저자가 있다. 한 거인이 그 위에 쭈그리고 앉아 양팔을 벌리고 있다"라고 되어 있다. 대황북경에는 "대인이라는 사람이 있고 대인국이 있는데 성이 이釐씨이고 기장을 먹고 산다. 커다란 푸른 뱀이 있어 머리가 누런데 고라니를 잡아먹는다"라고 기술되어 있다. 위치상 같은 나라를 묘사한 것으로 보인다.

시주국始州國(79)은 『산해경』의 대황북경에 나온다. 나라에 대한 묘사는 없고 지명만 표기되어 있다. 조재삼의 『송남잡지』에도 동해에 있는 나라로 표기되어 있다.

비견국比肩國(80)은 『산해경』에서는 볼 수 없다. 『송남잡지』에는 "『이아爾雅』에서 말하기를, '북방에 비견민比肩民이 있는데 번갈아가며 먹고 앞을 보는데, 아마 몸뚱이가 반만 있는 사람일 것이다'라고 했다"고 기재되어 있다.

무장국無腸國(81)은 내해의 북쪽에 기재된 것(22)과 같은 나라로 중복 표기되어 있다. 무장국이 『산해경』의 해외북경과 대황북경에 수록되어 있어서 이들을 『천하도』에서 별도의 국가로 배치한 것으로 보인다. 다른 한편으로 무장국은 무복국無腹國의 오류로 볼 수도 있다. 위백규의 필사본 『환영지』의 천하도를 비롯한 일부 필사본 천하도에는 무복국으로 표기되어 있다. 중국의 『이역지異域志』에 무복국에 대한 기술이 있는데, "무복국은 바다의 동남쪽에 있는데 남녀 모두 배가 없다. 그 설이 황당한데, 배가 없으면 어떻게 살 수 있겠는가?"라고 했다.[73] 그러나 천하도에는 무복국이 북쪽에 있어서

효양국

『이역지』의 기록과는 차이가 있다.

심목국深目國(82)은 내해 서쪽의 것(25)과 같은 나라로 중복되어 있다. 이는 심목국이 『산해경』의 해외북경과 대황북경 두 편에 기재되어 있는 데서 기인하는 것으로 보인다. 내대륙의 남쪽에 표시된 효양梟陽(144)도 '국' 자가 빠져 있지만 『산해경』에 나오는 기이한 나라이다. 『산해경』의 해내남경에는 "효양국이 북구北朐의 서쪽에 있다. 그 생김새는 사람의 얼굴에 입술이 길고 검은 몸에 털이나 있으며 발뒤꿈치는 반대로 향했다. 사람을 보면 웃으며, 왼손에 대통을 쥐고 있다"라고 묘사되어 있다.

이처럼 천하도에는 실재하는 나라와 더불어 상상의 세계에서나 존재하는 기이한 나라들도 섞여 있다. 앞서 섭이국의 사례에서 보았듯이 『산해경』에 보이는 기이한 나라들이 어디에 기원을 두고 있는지에 대해서는 아직 정설이 없다. 이러한 나라들과 유사한 사례들이 그리스 신화에도 나오고, 헤로도토스Herodotos, 스트라본Strabon, 플리니우스Gaius Plinius Secundus 등의 저작에도 유사한 내용이 있다. 이는 동양과 서양 문화권 사이의 전파와 교류에 의해 가능한 일이지만, 미지의 특정 지역에 대한 풍문이 유사한 형태의 기록으로 남겨진 것일 수도 있다.

천하도에는 나라 이름 이외에도 산, 하천, 호수 등의 자연 지명이 기재되어 있다. 이러한 자연 지명도 『산해경』에 수록된 것이 많고, 일부는 『동천복지악독명산기』와 같은 도교 관련 서적에 실려 있다. 특히 내해에 수록된 산 이름은 도교의 신선사상과 관련된 것들이다.

내대륙의 자연지명

태산泰山(122)은 『산해경』의 동산경에 보인다. "다시 남쪽으로 300리를 가면 태산이라는 곳인데 산 위에서는 옥이, 기슭에서는 금이 많이 난다. 이곳의 어떤 짐승은 생김새가 돼지 같은데 구슬을 지니고 있다. 이름을 동동狪狪이라고 하며 그 울음은 자신을 부르는 소리와 같다"라고 기술되어 있다. 중국 산둥 성에 있는 해발 1545미터의 산으로 중국의 오악 가운데 동악에 해당한다.

항산恒山(123)은 『산해경』의 서산경에 나오는데, "동쪽으로 사층으로 이루어진 항산이 보이는데 유궁귀有窮鬼가 거기에 살고 있다"라고 되어 있다. 지금의 산시山西 성에 있는 해발 2017미터의 산이다. 중국의 오악 가운데 북악에 해당하는 산이다.

곤륜산崑崙山(124)은 『산해경』의 여러 편에서 볼 수 있다. 서산경과 해내서경, 대황서경에 자세히 기술되어 있다. 한자 표기가 다른데 『산해경』에는 '곤륜昆侖', 천하도에는 '곤륜崑崙'으로 되어 있다. 『산해경』에서 곤륜산은 '곤륜昆侖' '곤륜지구昆侖之丘' '곤륜지허昆侖之虛' '곤륜허昆侖虛' 등으로 표기되어 있다. 서산경에는 "서남쪽으로 400리를 가면 곤륜구라는 곳인데 바로 여기는 천제의 하계下界의 도읍으로 육오陸吾라는 신이 관장하고 있다. 이 신은 호랑이의 몸에 아홉 개의 꼬리, 사람의 얼굴에 호랑이 발톱을 하고 있는데, 하늘의 아홉 구역의 경계와 천제의 정원의 사계절을 주관하고 있다"라고 되어 있다. 해내서경에는 "해내의 곤륜허가 서북쪽에 있는데 천제의 하계의 도읍이다. 곤륜허는 사방이 800리이고 높이가 만 길이다. 산 위에는 높이가 다섯 심尋, 둘레가 다섯 아름이나 되는 목화木花가 자라고 옥으로 난간을 두른 아홉 개의 우물이 있다"라고 기술되어 있다. 대황서경에는 "서해의 남쪽, 유사의 언저리, 적수의 뒤편, 흑수의 앞쪽에 큰 산이 있는데 이름을 곤륜구라고 한다. 신이 이곳에 사는데, 사람의 얼굴에 호랑이의 몸이고 꼬리에 무늬가 있으며 모두 희다. 어떤 사람이 머리꾸미개를 꽂고 호랑이 이빨에 표범의 꼬리를 하고 동굴에 사는데 이

서왕모

름이 서왕모西王母이다"라고 기술되어 있다.

곤륜산은 천지의 중심으로 인식되었던 곳으로 도교에서 말하는 외오악 가운데 중악에 해당한다. 천하도에는 곤륜산 부근에서 황하나 양수, 흑수, 적수 등이 발원하는 것으로 그려져 있어, 곤륜산은 하나의 산이라기보다는 산지나 산맥으로 보는 것이 타당하다. 이로 본다면 지금의 티베트 고원 북쪽에 있는 쿤룬산맥이 곤륜산에 해당한다고 볼 수 있다.

화산華山(125)은 『산해경』의 서산경에 나온다. "화산의 첫머리는 전래산이라는 곳인데, 산 위에서는 소나무가 많이 자라고 기슭에서는 세석洗石이 많이 난다"라고 되어 있다. 중국의 오악 가운데 서악에 해당하는 산으로 해발 2000미터가 넘는 봉우리로 이루어져 있다. 중국 산시陝西 성의 친링산맥 동단에 위치해 있으며 오악 중에서 가장 험준한 산이다.

숭산嵩山(126)은 일부 판본의 천하도에서는 '숭산崇山'으로 표기되기도 한다. 중국 허난 성에 있는 산으로 오악 가운데 중악에 해당한다. 『산해경』에는 없는 지명으로 『서경』「우공」 편에 보인다. 소림사가 있는 산으로 유명하다.

삼천자장산三天子章山(127)은 『산해경』의 해내남경에 보이는데, 삼천자장산三天子鄣山으로 표기되어 있다. "삼천자장산이 민閩 땅의 서북쪽에 있다. 혹은 바다 한가운데에 있다고도 한다"라고 기술되어 있다.

형산衡山(128)은 『산해경』의 중산경에서 볼 수 있다. "동남쪽으로 50리를 가면 형산이라는 곳인데 산 위에서는 담쟁이덩굴, 닥나무, 갈참나무가 많

숭산

이 자라고 푸른색 흙과 흰색 흙이 많다"라 하고, 다른 문장에서는 "동쪽으로 45리를 가면 형산이라는 곳인데 산 위에서는 청확青雘이 많이 나고 뽕나무가 많이 자라며, 새는 구욕새가 많이 산다"라고 했다. 중국의 오악 가운데 남악에 해당하는 산으로 후난 성에 위치한다.

천태산天台山(129)은 『산해경』에는 없고 『동천복지악독명산기』에 나온다. 『동천복지악독명산기』에서는 구곡산句曲山과 더불어 남악인 형산을 보좌하는 산이라 했다. 중국 저장 성에 있는 산으로 이곳에서 불교의 천태종이 나왔다고 한다.

황하黃河(130)는 『산해경』을 비롯한 다양한 문헌에서 볼 수 있다. 『산해경』의 해내서경에는 "황하가 곤륜산의 동북쪽 구석에서 나와 그 북쪽으로 흘러가서 서남쪽으로 다시 발해로 들어간다. 또 해외에서 나와 서쪽으로 갔다가 북쪽으로 우임금이 물길을 이끈 적석산에 들어간다"라고 기술되어 있다. 황하의 발원지에 대해서는 중국 고대로부터 관심이 많아 『한서』 「장건전張騫傳」에서는 곤륜崑崙에서 발원한다고 되어 있고, 등전鄧展은 적석積石에서 발원한다고 했다. 중국 원나라 때 발원지를 조사한 결과 성수해星宿海에서 나오는 것을 확인했다. 조선 후기 대부분의 지도에는 황하의 발원지를 성수해로 표시했으나 천하도에는 성수해 표시가 없다.

강수江水(131)는 『산해경』의 중산경에 나온다. "동북쪽으로 300리를 가면 민산이라는 곳인데, 강수가 여기서 나와 동북쪽으로 바다에 흘러드는데 그 속에는 상서로운 거북과 자라가 많다"라고 기술되어 있다. 지금의 양쯔강을 말한다.

적수赤水(132)는 『산해경』의 해내서경을 비롯한 여러 편에 나온다. 해내서경에는 "적수가 곤륜산의 동남쪽 구석에서 나와 그 동북쪽으로 흘러간다"라고 했다.

흑수黑水(133)와 양수洋水(134)는 『산해경』의 해내서경을 비롯한 여러 편에서 볼 수 있다. 해내서경에는 "양수와 흑수가 곤륜산의 서북쪽 구석에서 나와 동쪽으로 흐른다. 동쪽으로 흐르다가 다시 동북쪽으로 흐르고 남쪽으로 바다에 들어가는데 우민羽民의 남쪽이다"라고 되어 있다.

내해의 자연 지명

광야산廣野山(111)은 외오악 가운데 북악에 해당한다. 『산해경』에는 나오지 않고 『동천복지악독명산기』에서 볼 수 있는데, "광야산은 북해 가운데에 있고 흑제黑帝가 도읍한 곳이다"라고 했다.

여농산麗農山(112)은 외오악 가운데 서악에 해당한다. 『산해경』에는 나오지 않고 『동천복지악독명산기』에서 볼 수 있는데, "여농산은 서해 가운데에 있고 백제白帝가 도읍한 곳이다"라고 했다.

장리산長離山(113)은 외오악 가운데 남악에 해당한다. 『산해경』에는 나오지 않고 『동천복지악독명산기』에서 볼 수 있는데, "장리산은 남해 가운데에 있고 적제赤帝가 도읍한 곳이다"라고 했다.

연석산連石山(114)은 『산해경』에는 나오지 않고 『동천복지악독명산기』에서 볼 수 있는데, "연석산은 동남쪽 진사辰巳의 땅 바다 가운데에 있다"라고 했다.

광상산廣桑山(115)은 외오악 가운데 동악에 해당한다. 『산해경』에는 나오지 않고 『동천복지악독명산기』에서 볼 수 있는데, "광상산은 동해 가운데에 있고 청제青帝가 도읍한 곳이다"라고 했다.

봉래산蓬萊山(116)은 『산해경』과 『동천복지악독명산기』에서 볼 수 있다. 『산해경』의 해내북경에는 "봉래산이 바다 한가운데에 있다"라고 했다. 『동천복지악독명산기』에는 "봉래산이 동해 가운데에 있고 높이가 1000리이다"라고 했다.

방장산方丈山(117)은 『산해경』에는 나오지 않고 『동천복지악독명산기』에서 볼 수 있는데, "방장산은 큰 바다 가운데에 있고 높이가 49만 7000길이다"라고 했다.

영주瀛洲(118)는 『산해경』에는 나오지 않고 『동천복지악독명산기』에서 볼 수 있는데, "영주는 동해에 있는데 일명 청구青邱라 한다"라고 했다.

부상산扶桑山(119)은 『산해경』과 『동천복지악독명산기』에서 볼 수 있다. 『산해경』에는 "양곡의 위에는 부상이 있는데 이곳은 열 개의 태양이 목욕을 하는 곳으로 흑치의 북쪽에 있다"라고 했다. 『동천복지악독명산기』에는 "부상산은 동해 가운데에 있고 땅이 가로 세로로 만 리이며 해가 뜨는 곳이다"라 했다.

원고산圓袴山(120)은 원교산員嶠山의 오기로 위백규의 필사본 『환영지』에 수록된 천하도에는 제대로 표기되어 있다. 원교산은 『산해경』에는 나오지 않고 『동천복지악독명산기』에서 볼 수 있는데, "원교산은 큰 바다 가운데에 있고 위로는 해와 달이 있다"라고 했다.

고야산姑射山(121)은 『산해경』의 동산경과 해내북경에 보인다. 동산경에는 "다시 남쪽으로 380리를 가면 고야산이라는 곳인데 초목은 자라지 않으나 물이 많다"라 했다. 이어서 북고야산과 남고야산이라는 지명이 보인다. 해내북경에는 "열고야列姑射가 바다 한가운데의 섬 속에 있다"라고 했다. 위안커의 주석에서는 열고야가 바로 고야산이라 했는데, 방위로 볼 때 천하도에는 동북쪽 모퉁이에 그려져 있어서 같은 산을 지칭하는 것으로 보인다.

외대륙의 자연 지명

천리반목千里盤木(83)은 일부 사본에는 '반목천리盤木千里'로 표기되어 있다. 『산해경』의 대황북경에 나오는데 한자의 표기가 '반목槃木'으로 되어 있다. 『산해경』에는 "대황의 한가운데에 형천이라는 산이 있다. 선민산이 있고 반목이 있는데, 천리이다"라고 했다.

단산丹山(84)은 『산해경』의 대황북경에 나온다. 곽박의 주에서 단산은 단사丹沙를 산출하는 산이라 했다.

불백산不白山(85)은 불구산不句山의 오기이다. 일부 사본에는 제대로 표기되어 있다. 『산해경』의 대황북경에 나오는데, "대황의 한가운데에 불구라는 산이 있는데 바닷물이 북쪽으로 들어온다"라고 했다.

장니산章尼山(86)은 『산해경』의 대황북경에 나오는 장미산章尾山의 오기로 보인다. 『산해경』에는 "서북해의 밖, 적수의 북쪽에 장미산이 있다. 신이 있어 사람의 얼굴에 뱀의 몸으로 붉은데 세로눈이 곧바로 합쳐져 있다. 그가 눈을 감으면 어두워지고 눈을 뜨면 밝아진다. 먹지도 자지도 숨을 쉬지도 않으며 비바람을 불러올 수 있다. 이것은 대지의 밑바닥을 비추며 이름을 촉룡燭龍이라고 한다"라고 했다.

촉룡

부주산不周山(87)은 『산해경』의 서산경과 대황서경에 나온다. 서산경에는 "다시 서북쪽으로 370리를 가면 부주산이라는 곳이다. 북쪽으로 제비산이 바라다보이며 악숭산에 임하여 있고 동쪽으로 유택이 바라다보인다"라고 했다. 대황서경에는 "서북해의 밖, 대황의 모서리에 산이 있는데 쪼개져 있어서 이름을 부주라고 했다"라는 서술이 있다. 곽박의 주에서는 "『회남자』에서 이르기를 '옛날에 공공共工과 전욱이 제위를 다툴 때 공공이 성내어 부주산을 들이받아 하늘의 밧줄이 끊어지고 땅의 기둥이 부러졌다'고 했는데 그래서 지금의 이 산이 무너지고 온전치 못한 것이다"라고 했다.

한서수寒暑水(88)는 『산해경』의 대황서경에 나온다. 대황서경에는 "한서수라는 강이 있는데 그 서쪽에 습산이 있고 동쪽에 막산이 있다"라고 했다.

대황산大荒山(89)은 『산해경』의 대황서경에 나온다. 대황서경에는 "대황

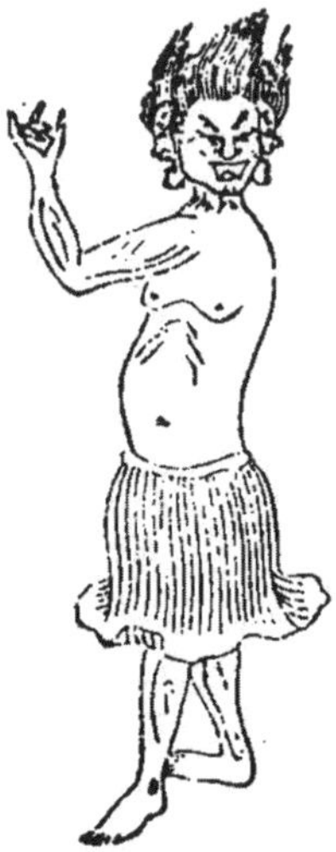

삼면인

의 한가운데에 대황산이라는 산이 있는데 해와 달이 지는 곳이다. 이곳의 어떤 사람은 얼굴이 셋인데 전욱의 아들로 세 얼굴에 외팔이다. 세 개의 얼굴을 가진 사람은 죽지 않는다. 이곳을 대황야라고 한다"라고 했다.

융천산融天山(90)은 『산해경』의 대황남경에 나온다. "대황의 한가운데에 융천이라는 산이 있는데 바닷물이 남쪽으로 들어온다"라고 했다.

양산襄山(91)은 『산해경』의 대황남경에 나오는데, "양산이 있고 또 중음산이 있다"라고 했다.

천대산天臺山(92)은 『산해경』의 대황남경에 나오는데, "대황의 한가운데에 산이 있는데 이름이 천대라 한다. 바닷물이 남쪽으로 들어온다"라고 했다.

등비산登備山(93)과 개산㤥山(94)은 『산해경』의 대황남경에 나온다. "대황의 한가운데에 불강산이 있는데 흑수가 여기에서 끝난다. 또 가산이 있는데 흘수가 여기에서 흘러나온다. 또 언산이 있고 등비산이 있고 개개산㤥㤥山이 있다"라고 했다. 곽박의 주에서는 등비산을 등보산登葆山이라 했다. 개산은 개개산의 오기로 보인다.

의천산倚天山(95)과 소문산蘇門山(96)은 『산해경』의 대황동경에 보인다. "대황의 한가운데에 의천소문이라는 산이 있는데 해와 달이 돋는 곳이다"라고 했다. 의천산은 의천산猗天山의 오기로 일부 사본에는 제대로 표기되어 있다.

백연白淵(97)은 『산해경』의 대황남경에 나온다. "백수산白水山이 있어 백수가 여기에서 흘러 나와 백연이 생겼는데, 곤오昆吾의 군대가 목욕한 곳이다"라고 했다.

대산待山(98)은 『산해경』의 대황동경에 나온다. "기산綦山이 있고 또 요산搖山이 있으며 증산이 있고 또 문호산門戶山, 성산盛山, 대산待山이 있으며 오색 무늬의 새가 있다"라고 했다.

학명산壑明山(99)은 『산해경』의 대황동경에 나온다. "동황의 한가운데에 학명준질壑明俊疾이라는 산이 있는데 해와 달이 돋는 곳이다"라고 했다.

감연甘淵(100)과 감산甘山(101)은 『산해경』의 대황동경에 나온다. "동해 밖에 대학大壑이 있는데 소호국少昊國이다. 소호가 전욱 임금을 이곳에서 키우고 그때의 거문고를 버려두었다. 감산이라는 곳이 있어 감수가 여기에서 나와 감연을 이룬다"라고 했다. 감연은 대황남경에도 보이는데 "동해의 밖, 감수의 사이에 희화국羲和國이 있다. 희화라는 여자가 있어 지금 감연에서 해를 목욕시키고 있다"라고 했다.

초요산招搖山(102)은 『산해경』의 대황동경에 나온다. "초요산이 있는데 융수融水가 여기에서 나온다. 현고玄股라는 나라가 있는데 그 사람들은 기장을 먹고 살며 네 종류의 짐승을 부린다"라고 했다.

형천산衡天山(105)은 『산해경』의 대황북경에 나오는데 "대황의 한가운데에 형천이라는 산이 있다"라고 했다.

계민산係民山(106)은 계곤산係昆山의 오기로 보인다. 계곤산은 『산해경』의 대황북경에서 볼 수 있는데 "계곤산이라는 곳이 있어 공공대가 있는데 활을 쏘는 사람은 감히 북쪽을 향하지 못한다. 푸른 옷을 입은 사람이 있어 이름을 황제여발이라고 한다. 치우가 무기를 만들어 황제를 치자 황제가 이에 응룡應龍으로 하여금 기주冀州의 들판에서 그를 공격하게 하였다"라고 했다.

봉연封淵(107)은 『산해경』의 대황북경에 나온다. "위구衛丘의 언덕은 둘레가 300리이며 언덕의 남쪽에 제준帝俊의 대숲이 있는데 그 대나무의 거대함은 배를 만들 수 있을 정도이다. 대숲의 남쪽에 붉은 못물이 있는데 이름을 봉연이라고 한다. 가지 없는 세 그루의 뽕나무가 있는데 높이가 100길이다"라고 했다.

대택大澤(108)은 『산해경』의 대황북경에 나온다. "사방 천 리의 대택이 있는데 뭇 새가 깃털을 가는 곳이다"고 했다. 대택은 한해翰海라고도 한다. 대택은 대황서경에도 보이는데 방위로 볼 때 잘못 들어간 것이다.

부상

부상扶桑(103)은 『산해경』의 해외동경에 나온다. "양곡의 위에는 부상이 있는데 이곳은 열 개의 태양이 목욕을 하는 곳으로 흑치의 북쪽에 있다. 물 가운데에 큰 나무가 있는데 아홉 개의 태양이 아래 가지에 있고 한 개의 태양이 윗가지에 있다"라고 했다. 부상은 신성한 나무로 『십주기』에는 "잎은 뽕잎 비슷하고 키가 수천 장丈, 둘레가 스무 아름인데 두 그루씩 한 뿌리에서 나와 서로 기대고 있기 때문에 부상이라고 한다"라고 했다.

유파산流波山(104)은 『산해경』의 대황동경에 나온다. "동해의 한가운데에 유파산이 있는데 바다 쪽으로 7000리나 쑥 들어가 있다. 그 위에 소같이 생긴 짐승이 있는데 푸른 몸빛에 뿔이 없고 외발이다. 이 짐승이 물속을 드나들 때면 반드시 비바람이 일며 그 빛은 해와 달 같고 그 소리는 우레와 같다. 이름을 기夔라고 한다"라고 했다.

기

반격송盤格松(109)과 방산方山(110)

은 『산해경』의 대황서경에 나온다. "서해의 밖, 대황의 한가운데에 방산이라는 곳이 있다. 산 위에 거격송柜格松이라고 하는 푸른 나무가 있는데 해와 달이 떴다 지는 곳이다"라고 했다. 반격송은 거격송의 오기로 보인다.

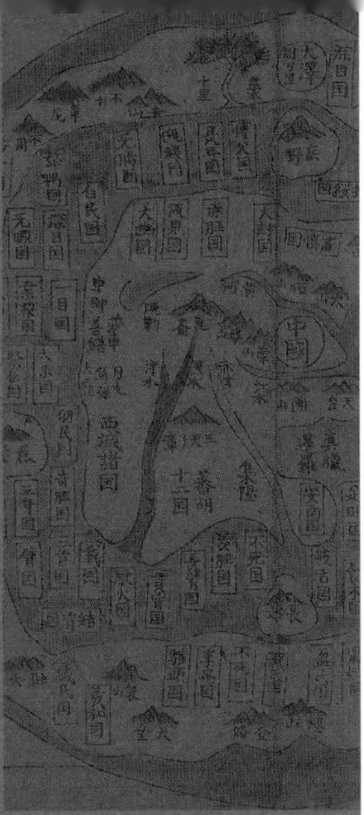

6

천하도의 세계 인식과 의의

천하도는 17세기 이후 서양의 지리 지식이 도입되어 세계에 대한 인식이 확대되어가던 상황에서 제작되었다. 전통적인 천원지방의 관념과 중화적 세계 인식을 근간으로 지리적 세계뿐만 아니라 하늘의 영역까지도 같이 표현한 우주지적 성격을 지니며, 불로장생을 염원하는 신선사상도 부분적으로 반영된, 조선의 독특한 세계지도라 할 수 있다.

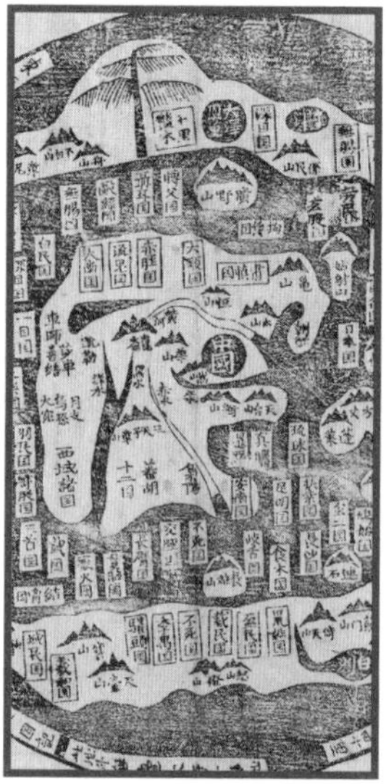

中國
西域諸国
日本国
白民国
一目国
羽民国
食木国

조선의 코스모그래피

천하도의 세계 인식에서 무엇보다 가장 먼저 지적할 수 있는 것은 전통적인 천원지방의 관념이 지도의 기초를 이루고 있다는 사실이다. 세계를 원형으로 표현했다고 해서 천원지방의 관념을 극복했다고 보기는 어렵다. 중세 이슬람의 원형 세계지도, 선교사들이 제작한 단원형의 세계지도는 지구설에 기초하고 있으나 천하도는 여전히 천원지방의 관념을 고수하는 점에서 근본적인 차이가 있다. 천하도에 그려진 원은 땅이 아니라 하늘을 표현한 것으로, 땅의 끝 부분과 만나는 지점이다.

최근의 연구들은 천하도의 원형圓形이 서구식 세계지도 가운데 단원형 세계지도에서 기원한 점을 강조하는데, 이는 천하도의 원형이 땅을 표현한 것이라고 보기 때문이다. 동아시아 문화권에서 땅을 원형으로 표현한 경우는 극히 드물다. 그리고 땅을 원형으로 표현한 것은 당시 중국에서 들여온 단원형 세계지도가 거의 유일하다. 그러나 천하도에는 지상세계만 표현된 것이 아니라 하늘의 세계도 표현되어 있으므로 천하도는 오히려 우주지宇宙誌, cosmography의 성격을 지닌 것으로 이해되어야 한다. 지상세계의 중심에서

극으로 가면 하늘과 만나게 되는 전통적인 천지관이 반영되어 있는 것이다. 따라서 지상의 사극四極에 원형의 하늘을 상정하는 것은 그리 어려운 일이 아니다. 이와 유사한 사례는 이전 시기에 존재했던 천지도天地圖같이 하늘과 땅을 동시에 표현한 지도에서 충분히 찾아볼 수 있다.

천하도의 이러한 우주지적 특성은 천하도에 기재된 주기注記를 통해서도 파악해볼 수 있다. 대부분의 천하도에는 주기가 없지만 일부는 간단한 주기가 수록되어 있다. 목판본 지도 가운데 주기가 수록된 것이 서너 종 되는데 내용상 크게 세 가지로 구분할 수 있다.

첫째는 "동극東極에서 서극西極까지 2억 2만 3500리 72보, 해내海內의 동서는 2만 8000리, 남극에서 북극까지는 2억 3500리 75보, 해내海內의 남북은 2만 6000리"라고 기재된 것이다(12쪽 지도). 이것은 『회남자』에 수록되어 있는데, 사극의 거리는 우禹임금이 수해竪亥와 태장太章에게 명하여 얻은 수치였다.[74]

둘째는 천지지간의 거리와 별들의 크기, 사극의 거리 등이 주기된 유형이다. 이러한 유형 중에는 천하도의 외곽에 주역의 팔괘를 상징하는 팔각형을 그려넣은 것도 있다.[75] 여기에 수록된 주기는 천하도가 하늘의 이미지를 같이 표현하고 있다는 것을 강하게 시사한다.

셋째는 좀더 자세한 주기가 필사된 경우이다. 현재 국립중앙도서관 소장 『여지고람도보』에 실린 천하도에는 여백에 주기가 빽빽하게 수록되어 있다. 이러한 주기는 당대인들이 천하도를 어떻게 이해하고 있었는지를 보여

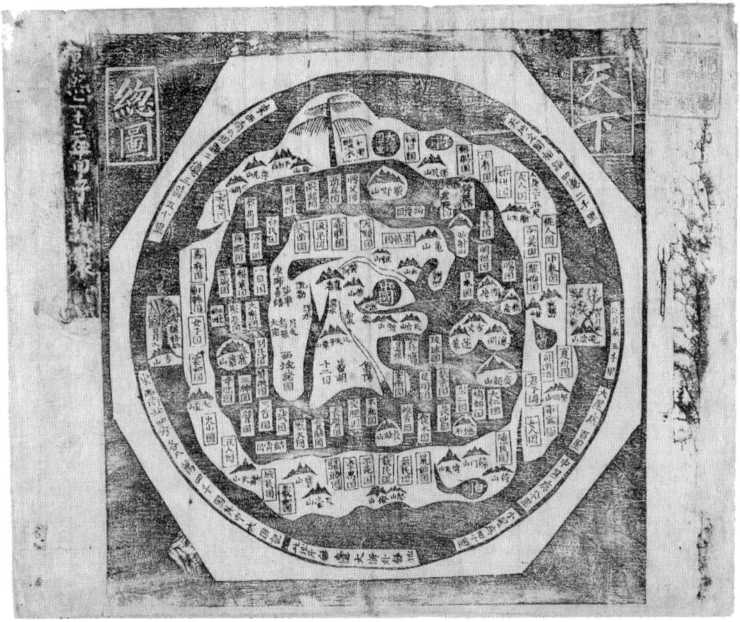

팔각형이 그려진 천하도. 서울역사박물관 소장

주는 귀중한 자료이다. 천하도의 원 밖에는 '천지위낭장만물天地爲囊藏萬物, 강해작대속천산江海作帶束千山'이라 하여 전체적으로 천지, 강해의 역할을 기술했다. 지도 상단의 여백에는 다른 지도에서는 보기 힘든 주기가 기재되어 눈길을 끈다. 즉, '삼재三才: 천유사시지재天有四時之才, 지유생양수장지재地有生養收藏之才, 인유오상지재人有五常之才'와 더불어 '삼재三才: 천개자방天開子方, 지벽축방地闢丑方, 인생인방人生寅方'란 주기가 수록되어 있는 것이다. 이러한 주기는 천하도가 천지인天地人 삼재론三才論까지 담고 있다는 것을 말해주는 사례이다.

삼재는 우주와 인간세계의 기본적인 구성 요소이면서 그 변화의 동인으로 작용하는 천·지·인을 일컫는 말인데, 삼재론은 『역전易傳』의 십익十翼에서 본격적으로 나타난다. 삼재론은 자연적 구성 요소의 대표라 할 수 있는 천지에 인간을 참여시킨 것으로, 인간의 위치를 천지와 같은 수준으로 끌어올린 인간 중심적 사조가 삼재론 형성의 사상적 배경을 이룬다. 그러나 유학사에서 삼재론은 큰 중요성을 지니지 못했는데, 삼재론의 구성 요소 가운데 지地의 개념이 약화되면서 천天에 포괄되어 천인론天人論으로 사상적 구조와 내용이 바뀌었기 때문이다. 한국에서도 삼재론은 단군신화에서부터 원형적 모습을 갖추고 있었지만 유학의 수용 이후 천인론의 변형된 형태로 존재했다. 그러나 실학이 태동하면서는 새롭게 정립되기도 했다.[76]

천하도에 주기된 삼재론과 관련된 내용은 『주역』에서 이미 언급했던 것으로 이 시기에 새롭게 제시된 것은 아니다. 다만 여기서 강조하고 싶은 것은 천하도의 이미지가 단지 땅에 한정된 것이 아니라 하늘과 인간세계까지 연결되고 있다는 사실이다. 천하도의 이러한 우주지적 성격과 관련하여 특별히 주목되는 지도가 있다. 1722년 중국에서 목판본으로 제작된, 『삼재일관도三才一貫圖』에 수록된 〈천지전도天地全圖〉이다.[77]

이 지도에는 제목에서 드러나듯이 천지인 삼재사상이 반영되어 있다. 지도의 구조는 천하도와 유사한 모습을 띠는데, 동심원의 형태로 구중천을 외곽에 배치하고 안쪽 원에는 세계지도를 그려넣었다. 세계지도는 서구식 세

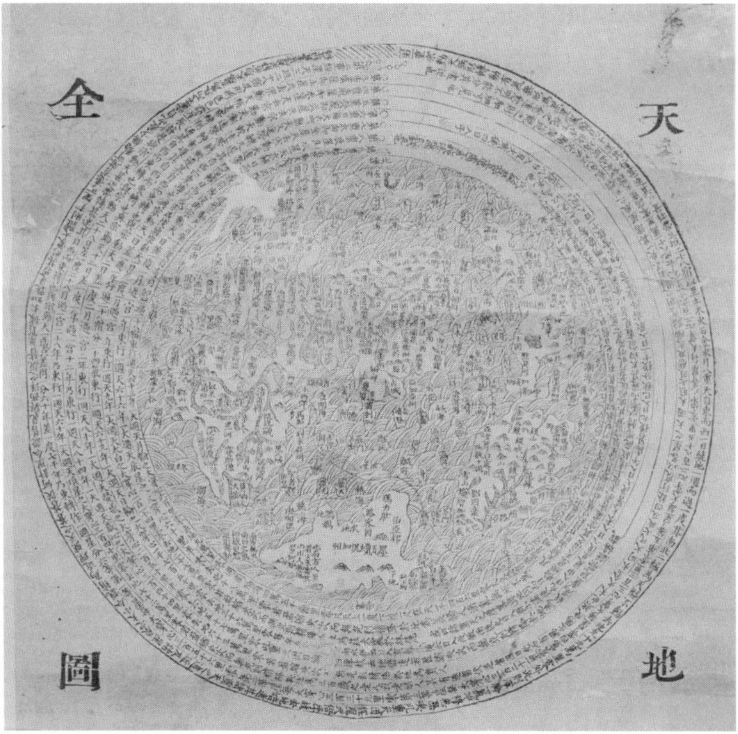

『삼재일관도』의 〈천지전도〉. 서울대학교 규장각한국학연구원 소장

계지도를 축소하여 그린 것인데, 마테오 리치의 〈곤여만국전도〉나 『삼재도회』에 수록된 〈산해여지전도〉, 페르비스트Ferdinand Verbiest의 〈곤여전도坤輿全圖〉와도 전체적인 윤곽에서 차이를 보인다. 마테오 리치의 세계지도와는 달리 중국을 중앙에 두어 여전히 중화적 세계관을 고수하는 모습도 보인다. 이 지도에서 관심을 끄는 것은 태평양과 북해 부분에 『산해경』에 나오는

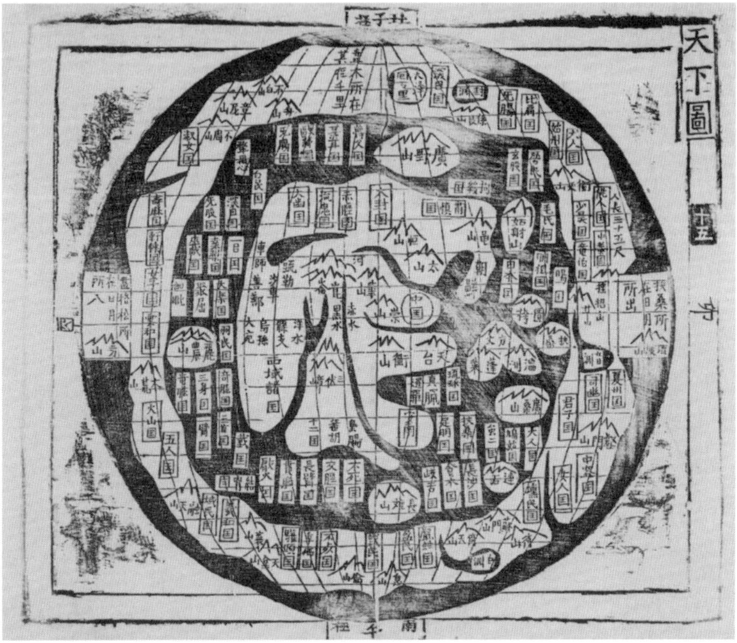

경위선이 기입된 천하도. 서울역사박물관 소장

지명을 다수 배치한 점이다. 그러나 천하도처럼 『산해경』에 수록된 방위와 명확히 일치하지는 않는다. 중국에서 제작된 전통적인 세계지도에서 『산해경』의 지명을 표시한 사례가 없지 않으나 이처럼 다수가 수록된 사례는 찾아보기 힘들다. 이렇게 『산해경』의 지명을 수록한 것으로 천하도와의 연관을 떠올릴 수 있겠으나, 제작 시기를 고려할 때 별개의 지도로 보는 것이 타당하다.

이 지도를 통해 지적하고 싶은 것은 천하도가 지니는 우주지적 성격이

〈천지전도〉에도 담겨 있다는 사실이다. 하늘과 땅, 그 속의 인간세계를 동시에 구현하는 것은 지도의 제목처럼 '삼재三才를 일관一貫하는' 것으로, 삼재 사상을 지도에 적극 반영하고 있다. 이 점이 천하도와 유사한 특징으로서, 하늘과 땅, 인간세계를 동시에 표현하는 일이 같은 문화권이라 할 수 있는 중국이나 조선에서도 가능하다는 것을 보여준다. 〈천지전도〉에는 천하도의 내대륙-외대륙의 구조가 서구식 세계지도에서 보이는 모습으로 바뀌어 있을 뿐이다.

천하도와 중화적 세계관

천하도가 땅이라는 지리적 세계뿐만 아니라 하늘까지 표현한 우주지적 성격을 지니고 있음은 앞서 살펴본 바와 같다. 그렇다면 천하도가 표현하는 지리적 세계는 어떤 사고에 기초하고 있을까? 아마도 중화적 세계 인식에 기초하고 있다고 보아야 할 것이다.

천하도를 보면 내대륙이 중앙에 위치하고, 그 중심에는 중국이 자리잡고 있다. 그리고 중국 주변에는 숭산嵩山, 화산華山, 항산恒山, 태산泰山, 형산衡山의 오악五嶽, 번호蕃胡와 서역제국西域諸國, 북쪽의 여러 나라가 표시되어 있다. 엄밀하게 따진다면 천지의 중심인 곤륜산이 지도의 정중앙에 그려져야 함에도 중국을 중앙에 배치하고 곤륜산은 중앙에서 약간 비켜나게 그린 경우가 많다.

또한 대부분의 천하도에는 중국이 여느 나라들과 다르게 큰 원의 형태로 강조되어 그려졌다. 천하도가 조선에서 제작되었음에도 불구하고 조선은 중국만큼 부각되어 있지 않다. 자신이 거주하는 곳을 세계의 중심으로 생각하고 크게 강조하여 그리는 것은 여러 문화권에서 볼 수 있는 현상이다. 그러나 조선의 경우 성리학을 수용하며 중국의 중화적 세계 인식도 함께 받아들였기 때문에 조선을 세계의 중심으로 생각하는 지리적 사고는 존재할 수 없었다. 단지 중국에 버금가는 문화국으로서의 소중화小中華를 내세웠을 뿐이다.

이와 관련하여 천하도의 목판본을 검토해보면 흥미로운 사실이 발견된다. 중국은 원으로 크게 강조하여 표현하고 조선은 아무런 표시 없이 글자로만 표기했으며 나머지 주변에 배치된 나라들은 직사각형 안에 표기한 것이다. 이러한 특징은 천하도의 원본에 가까운 것으로 판단되는 목판본에서도 동일하게 나타난다. 여기서 원, 무도형無圖形, 직사각형 등의 차이는 중국, 조선, 기타 국가가 위계를 지니고 있음을 보여준다. 중국이 중화, 조선은 소중화, 기타 나라는 이국夷國이라는 전형적인 화이관이 반영되어 있는 것이다. 중국과 기타 국가를 원과 직사각형이라는 도형으로 분명하게 구분하고, 그 사이에 조선을 개입시킨 구도이다.

천하도는 직방세계와 유사한 내대륙뿐만 아니라 가상의 외대륙까지 표현하여 기존의 화이관에 입각한 전통적인 세계지도와는 커다란 차이를 보인다. 그러나 이는 직방세계의 외연이 확대된 것에 불과하며 중화적 세계 인식이 다른 인식으로 대체된 것은 아니다. 유가에 이단서로 취급되던 『산해경』의 지명을 많이 수록했는데 유학자들에게 별다른 거부감 없이 받아들여질 수 있었던 이유는 천하도가 지닌 중화적 세계 인식 때문이었다. 만약 중국이나 조선이 지도의 중심이 아닌 구석에 위치했다면 일반 유학자들에게 세계지도로 오랫동안 인정받기는 어려웠을 것이다.

천하도와 신선사상

흥미롭게도 천하도에 담겨 있는 삼재론적 특성은 신선사상과도 연결된다. 신선도神仙道의 발생학적 기본 원리는 천일天一, 지일地一, 인일人一의 삼신일체三神一體: 三才一體인데, 이는 일一을 공간과 시간의 의미로 파악할 경우, 천계天界·지계地界·인계人界가 연결된 하나의 공간, 과거·현재·미래가 연결된 하나의 시간이라는 의미를 지닌다.[78] 천하도에서는 천계·지계·인계가 연결된 하나의 공간을 표현하고 있는데, 이는 신선도의 기본 원리인 삼재일체를 표현한 것이며, 천지인 합일合一을 구현한 것이다. 이러한 신선사상과의 관련 때문에 천하도에는 다수의 신선 관련 지명이 수록될 수 있었으며, 일월의 출입처, 장생을 상징하는 수목도 그려졌던 것이다.

천하도의 이러한 성격과 관련하여 주목되는 그림이 〈일월오봉도日月五峯

圖〉이다. 해와 달, 다섯 봉우리의 산이 그려져 있다 해서 '일월오봉도'라 불리는데, 궁궐의 용상 뒤편에 병풍으로 쳐져 있던 그림이다. 이는 군왕의 상징이라 할 수 있는 해와 달에, 조선의 5대 명산을 그린 것으로 국가와 군주의 권위와 위엄을 드러내는 그림으로 해석되곤 했다.[79] 그러나 이러한 설명은 〈일월오봉도〉가 임금의 용상 뒤편에 배치되어 있던 사실을 지나치게 의식한 견강부회식 해석이라 할 수 있다. 이 그림이 단순히 군왕의 권위를 표현한 것이 아님은 현재 민간에서 이와 유사한 그림이 발견되는 것으로도 쉽게 입증된다. 그렇다면 이 그림은 무엇을 표현하고 있는가? 그것은 바로 천하도에서 표현하고 있는 '천하'이다.

음양오행론에 기반하여 일월과 오악, 사해를 의미하는 파도 무늬, 동쪽과 서쪽에 배치된 천리반송 등은 천하도에서 볼 수 있는 이미지와 그대로 연결된다. 천하도에 그려지는 일월의 출입처, 곤륜산을 중심으로 하는 오악, 대륙의 외부를 감싸고 있는 바다, 일월의 출입처에 그려진 신목 등이 〈일월오봉도〉에 보이는 이미지와 일치한다. 단지 〈일월오봉도〉에는 속계와 선계를 구분하는 듯한 웅장한 폭포가 더 그려져 있을 뿐이다. 결국 〈일월오봉도〉는 당시 사람들이 생각하던 천하를 그린 것에 불과하다. 이러한 그림이 하늘 아래 최고의 자리인 임금의 용상 뒤편에 놓여 있던 것도 지극히 당연한 일이다. 천하의 태평성대, 군주의 무병장수 등의 염원이 그림 속에 반영되어 있음은 물론이다.

용상의 뒤편에 음양오행, 신선사상과 관련된 〈일월오봉도〉가 놓여 있었

〈일월오봉도〉, 국립고궁박물관 소장

다는 사실은 천하도의 해석과 관련해서도 중요하다. 주지하다시피 조선은 유교가 사회 운영의 원리로 기능했던 사회다. 따라서 국가의 제도, 정책뿐만 아니라 백성들의 일상생활에서도 유교적 원칙이 관철되었다. 그러나 비공식적 부분에서는 유교적 원칙만 적용되지는 않았다. 민간의 신앙과 관련해서는 오히려 전통의 무속, 신선사상, 불교 등도 영향력을 행사했다. 유교의 근본 원리를 저해하지 않는 한 유교는 다른 신앙과 관습도 포용할 수 있었다. 이런 연유로 유학자들이 펴낸 『신증동국여지승람新增東國輿地勝覽』 등의 지리지에서도 '불우佛宇'가 중요한 항목의 하나로 편성되었던 것이다. 무병장수에 대한 염원, 신선들이 사는 이상향에 대한 동경 등은 유교적 원칙

창덕궁 낙선재의 소영주(小瀛洲) | 소영주는 신선사상과 관련된 지명이다.

을 철저히 따르던 유학자들도 충분히 지닐 수 있었던 삶의 원초적인 부분이다. 따라서 이러한 내용이 담긴 〈일월오봉도〉가 용상의 뒤편에도 충분히 놓일 수 있었던 것이다. 또한 천하도에 담긴 신선사상과 관련된 내용들도 바로 이러한 차원에서 수록될 수 있었던 것이다.[80] 천원지방의 관념과 중화적 세계 인식이 근본적으로 부정되지 않는 한 신선사상적 요소를 천하도에 수록하는 것은 얼마든지 가능한 일이었다.

천하도는 17세기 이후 서양의 지리 지식이 도입되어 세계에 대한 인식이 확대되어가던 상황에서 제작되었다. 전통적인 천원지방의 관념과 중화적 세계 인식을 근간으로 지리적 세계뿐만 아니라 하늘의 영역까지도 같이 표현한 우주지적 성격을 지니며, 불로장생을 염원하는 신선사상도 부분적으로 반영된, 조선의 독특한 세계지도라 할 수 있다.

중화적 세계관

중국인 자신들이 사는 공간을 세계의 중심으로 생각하는 중화적 세계관은 가운데에 중국인 중화中華, 그 주위에 이민족의 거주지인 사해四海, 그 외부에는 미지의 공간인 대황大荒 또는 사황四荒이 배치되는 동심원적 구조를 갖는다. 중심-주변의 지리적 관계에서 생겨난 중화적 세계관은 이후 문화적 차원의 화이관華夷觀으로 발전되어 중국을 문명화된 화華, 이민족을 야만 상태의 이夷로 구분했다. 시대에 따라 다소 변화가 있었지만 이러한 중화적 세계관의 본질적인 요소는 꾸준히 이어져내려왔다.

중심과 주변의 구분을 통해 형성된 중화적 세계관의 원형은 중국에서 가장 오래된 지리학적 문헌이라 할 수 있는 『서경書經』「우공禹貢」에서 볼 수 있다. 여기에는 소박한 중화적 세계관이 정치적·문화적인 차원으로 추상화되어 나타난 오복설五服說이 수록되어 있는데, 이는 계층적인 지역 구분으로 국토의 이상적 형태를 표시한 것이다.

『서경』「우공」에 수록된 소박한 중화적 세계관은 고대 중국의 지리서인 『산해경』에서도 볼 수 있다. 그러나 『산해경』에서 보여주는 세계는 「우공」보다는 훨씬 더 확대된 것이다. 『산해경』은 「산경」과 「해경」으로 구성되어 있는데, 이들이 기술하는 공간의 구조를 보면 중국을 중심으로 그 주위에 해내제국海內諸國, 그 외방에 해외제국海外諸國, 그리고 그 바깥에는 대황제국大荒諸國이 에워싸고 있다.

중심-주변의 동심원적 공간 구조의 정형화된 형태는 고대 중국의 대표적인 백과전서류라 할 수 있는 『회남자淮南子』에서 보다 더 명확하게 나타난다. 여기에서는 중심이 구주九州가 되는데 사방천리이다. 그 외부에 팔인八殥이 있는데 마찬가지로 사방천리

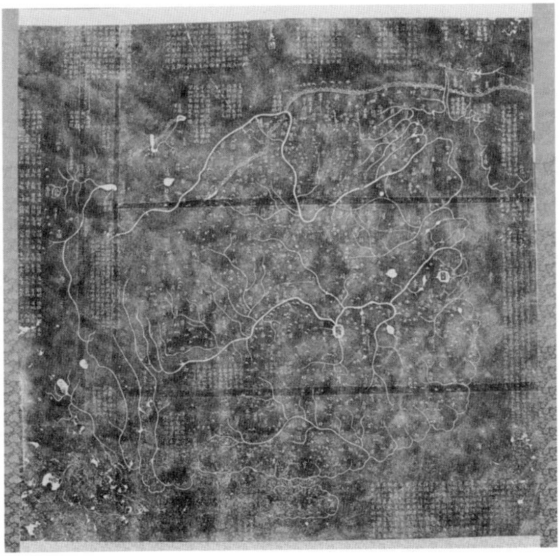

중국 송대의 석각 〈화이도〉. 중국 시안 베이린(碑林) 박물관 소장

다. 팔인의 밖에는 사방천리의 팔굉八紘이 있고 팔굉의 밖에는 팔극八極이 있다. 『회남자』에서는 『이아爾雅』에서 제시되었던 중심-주변의 방위관계가 기본 4방위에서 중간 방위를 추가하여 8방위로 더욱 확장된 점이 특징이다.

그러나 『산해경』이나 『회남자』 등에서 볼 수 있는 보다 더 확장된 중화적 세계관은 한대漢代 이후 유교가 정착되면서 크게 주목받지 못했다. 유교적 입장에서 위의 서적들은 이단서에 불과했기 때문에 성현의 사상을 수록한 유교의 경전처럼 중시할 수 없었다. 이에 따라 세계에 대한 이후의 논의는 현실적으로 왕화王化가 미치는 지역을 중심으로 이루어졌다. 인간이 거주하지 않는 지역, 경험적으로 확증할 수 없는 상상 속의 세계는 현실성을 강조하는 유학의 입장에서는 관심의 대상이 될 수 없었다.

이러한 특성은 지도의 제작과 관련하여 더욱 뚜렷하게 나타난다. 『주례周禮』에서 언급되었듯이 일찍이 고대 중국에서는 직방씨職方氏라는 관직을 두어 천하의 지도를 관장하게 했다. 이를 통해 방국邦國, 도비都鄙, 사이四夷, 팔만八蠻, 칠민七閩, 구맥九貉, 오융五戎, 육적六狄의 사람들과 그 재용財用, 구곡九穀, 육축六畜의 수數를 분별하여 그 이익과 해로움을 두루 파악하고자 했다. 이러한 현실적 필요에 의한 지도 제작의 경향은 이후 세계지도에도 반영되어, 제왕의 통치가 행해지는 중화세계는 상세하게 묘사되었지만 이민족의 영역, 또는 이역異域은 지명만 표기되는 정도로 간략하게 처리되었다. 전체 세계 가운데 중요한 것은 중국과 그 주변의 조공국으로, 이들로 구성되는 세계가 바로 직방세계이다. 중국에서 제작된 전통적인 세계지도는 대부분 직방세계를 표현하고 있다. 1136년 송나라 때 제작된 석각 〈화이도華夷圖〉도 직방세계를 중심으로 그려졌는데, 중국을 가운데에 크게 그리고 주변에 일부 조공국을 배치해놓았다.

1 Nakamura, Hiroshi, "Old Chinese World Maps Preserved by the Koreans," *Imago Mundi* 4, 1947, pp. 3~4.

2 카를로 로세티, 『꼬레아 꼬레아니』, 서울학연구소 옮김, 숲과나무, 1996, 299~300쪽.

3 Yi Ik Seup, "A Map of the World," *The Korean Repository* 1, 1892, pp. 336~341.

4 Hulbert, H. B., "An Ancient Map of the World," *Bulletin of the American Geographical Society* 36, 1904, pp. 600~605.

5 조선시대에 제작된 지도책에 대해서는 이찬, 「조선시대의 지도책」, 한국문화역사지리학회 편, 『한국의 전통지리사상』, 민음사, 1991을 참조.

6 현존하는 목판본 지도책 가운데 제작 시기가 16세기까지 거슬러올라가는 것이 있으나 원형 천하도는 수록되어 있지 않다(양보경, 「목판본 〈東國地圖〉의 편찬 시기와 의의」, 『규장각』 14, 1991).

7 김양선, 「韓國古地圖硏究抄」, 『梅山國學散稿』, 숭전대학교 박물관, 1972.

8 Nakamura, 앞의 논문, pp. 10~13.

9 노정식, 「韓國의 古世界地圖硏究」, 효성여자대학교 박사학위논문, 1992, 35쪽.

10 이찬, 「韓國의 古世界地圖에 관한 硏究: 天下圖와 混一疆理歷代國都之圖에 대하여」, 문교부 편, 『1971년 문교부 학술연구 조성비에 의한 연구보고서』, 1971, 20쪽.

11 이찬, 「조선시대의 지도책」, 한국문화역사지리학회 편, 『한국의 전통지리사상』, 민음사, 1991, 99쪽.

12 전상운, 「조선 초기의 지리학과 지도」, 『한국과학사의 새로운 이해』, 연세대학교출판부, 1998, 378~479쪽.

13 海野一隆, 「李朝朝鮮における地圖と道教」, 『東方宗教』 57, 1981.

14 Ledyard, Gari, "Cartography in Korea," In *The History of Cartography* Vol. 2, Book. 2, J. B. Harley and David Woodward eds., University of Chicago Press, 1994, pp. 256~266.

15 배우성, 「서구식 세계지도의 조선적 해석, 〈천하도〉」, 『한국과학사학회지』 제22권 제1호, 2000, 72쪽.

16 같은 논문, 51~79쪽.

17 Nakamura, 앞의 논문, p. 3.

18 海野一隆, 『地圖の文化史—世界と日本』, 八坂書房. 1996, p 40.

19 오지 도시아키, 『세계지도의 탄생』, 송태욱 옮김, 알마, 2010, 41쪽.

20 홍시환, 『地圖의 歷史』(현대과학신서 74), 전파과학사, 1976, 11~45쪽.

21 『성종실록』 권138, 성종 13년 2월 13일 임자. 여기에 실린 양성지의 상소문은 그의 문집인 『눌재집訥齋集』에도 수록되어 있다.

22 김정호, 『青邱圖』 凡例.

23 중국의 경우에도 일부 저술과 지도에서 『산해경』에 나오는 국명(國名)을 볼 수 있다. 1597년 주치중(周致中)이 찬집(纂集)한 『이역지異域志』에는 무복국(無腹國), 천흉국(穿胸國), 우민국(羽民國), 소인국(小人國), 섭이국(聶耳國), 삼수국(三首國), 일목국(一目國), 일비국(一臂國) 등에 대한 간략한 설명이 수록되어 있다. 육차운(陸次雲)이 저술한 『팔굉황사八紘荒史』에서도 소인국(小人國), 대이국(大耳國), 장두국(長頭國), 기굉국(奇肱國), 결흉국(結胸國), 교경국(交脛國) 등 『산해경』에 수록된 지명을 볼 수 있다. 이러한 사실은 직방세계를 뛰어넘는 미지의 세계를 기술하고 표현하는 부분에서 『산해경』의 지명들이 계속적으로 사용되었음을 말해준다. 중국의 이러한 상황을 고려할 때, 조선에서도 『산해경』에 수록된 국명이 지도에 표시되는 것은 충분히 가능한 일이었다고 할 수 있다.

24 『淮南子』 권4, 「地形訓」.

25 이이명, 『疏齋集』, 「與西洋人蘇霖戴進賢書」.

26 배우성은 이종휘가 마테오 리치의 지도를 추연의 천하관에 주저 없이 연결할 수 있었던 것은, 양자가 땅을 하늘과 대응하는 것으로 생각한다는 점에서 일치했기 때문이라 했다(배우성, 『조선후기 국토관과 천하관의 변화』, 일지사, 1998, 365쪽). 그러나 추연의 천하관에서 하늘과 땅이 어떻게 대응되는지는 명확하지 않다.

27 이종휘, 『修山集』 권4, 記, 「利瑪竇南北極圖記」.

28 박희병, 「『欽英』의 성격과 내용」, 『欽英』(서울대학교 규장각 영인본), 1997, 18쪽.

29 유만주, 『通園稿』, 「讀山海經」.

30 학자 군주인 정조도 1770년 저술된 『환영지』를 읽고 감탄하기도 했다(『정조실록』

권44, 정조 20년 3월 6일 임자).

31 노대환, 「조선후기의 서학유입과 서기수용론」, 『진단학보』 83, 진단학회, 1997, 138~139쪽.

32 위백규, 『寰瀛誌』 上. 騶衍曰 中國四方之海 是號裨海 其外有大陸環之 大陸之外 又有大瀛海環之 方是地涯云 西洋人 以中國西南海 呼爲地中海 其言曰 國土抱海 故爲地中海 其外海抱國土者 方爲寰海 與鄒說略同.

33 같은 책, 「新編標題纂圖寰瀛誌序」. 林居多閒 偶閱九九州圖 遂不勝自笑曰 此之爲無是烏有 雖未可知然 若以僻耳劣目 强以疑之 則或恐爲海鱉所笑也.

34 海野一隆, 앞의 논문.

35 배우성, 앞의 논문, 2000.

36 장황, 『圖書編』 권29, 〈四海華夷總圖〉.

37 유교사회였던 조선에서 불교적 세계관을 표현하고 있는 〈사해화이총도〉가 유행하기란 매우 힘든 일이었을 것이다. 그러나 제한적으로 필사가 이뤄졌던 사실을 현존하는 사본을 통해 확인할 수 있다. 〈사해화이총도〉 사본은 국립중앙박물관과 국립중앙도서관에 소장되어 있다.

38 중심-주변의 동심원적 구조는 엄밀하게 말하면 원의 형태는 아니다. 땅을 방형으로 인식했기 때문에 오히려 방형에 가깝다고 할 수 있다.

39 서경호, 『山海經 研究』, 서울대학교출판부, 1996, 289~320쪽.

40 중국을 그린 지도 가운데는 고비 사막을 커다란 하천 또는 내해처럼 표현하여 한해라는 지명을 붙인 것도 있다(국립지리원·대한지리학회, 『한국의 지도—과거·현재·미래』, 2000, 92쪽, 도판 90 참조).

41 이찬, 『韓國의 古地圖』, 범우사, 1991, 31쪽 도판 17.

42 대략 비슷한 시기에 제작된 것으로 보이는 목판본과 필사본 지도가 있다면 필사본보다는 목판본 지도가 오류의 가능성이 낮다. 필사본의 경우 전사(傳寫)의 횟수도 많을 뿐만 아니라 전사 과정에서 많은 오류가 발생할 수 있는 반면, 목판본의 경우 재판각 횟수가 전사 횟수에 비해 매우 적기 때문에 오류의 가능성이 그만큼 줄어든다.

43 海野一隆, 앞의 논문.

44 小川琢治, 「近世西洋交通以前の支那地圖に就て」, 『地學雜誌』 258-160號, 1910.

45 정재서 역주, 『산해경』, 민음사, 1985, 25쪽.

46 이규보, 『東國李相國集』, 「山海經疑詰」.

47 이덕무, 『靑莊館全書』 권62, 「山海經補 東荒」.

48 이익, 『星湖僿說』 권28, 時文門, 「啓棘賓商」.

49 조구명, 『東谿集』, 「讀山海經」.

50 배우성, 「古地圖를 통해 본 조선시대의 세계인식」, 『진단학보』 83, 진단학회, 1997, 72쪽.

51 『道藏』, 「洞天福地嶽瀆名山記」.

52 海野一隆, 앞의 논문, 35~36쪽.

53 이수광, 『芝峯類說』 권2, 「地理部」, 山.

54 船越昭生, 「中國傳統地圖にあらわれた東西の接觸」, 京都大學文學部地理學教室 編, 『道地理の思想』, 地人書房, 1982, 102쪽.

55 『道藏』, 같은 글.

56 윤행임, 『碩齋稿』 제6책.

57 『史記』, 「封禪書」.

58 이능화, 『朝鮮 道教史』, 보성문화사, 1986, 343쪽.

59 천하도에는 방산에 반격송이라는 신목이 그려져 있는 데 반해, 『산해경』에는 방산에 있는 신목의 이름이 거격송(柜格松)으로 기재되어 있다.

60 배우성, 앞의 책, 368쪽.

61 Mackay, A. L., "Kim Su-hong and the Korean Cartographic Tradition," *Imago Mundi* 27, 1975, pp. 27~38.

62 이능화, 앞의 책, 67쪽.

63 海野一隆, 앞의 논문.

64 배우성, 앞의 논문, 2000, 54쪽.

65 이 장에 있는 『산해경』의 해석문과 그림은 정재서가 역주한 『산해경』(민음사)에서 인용한 것이다. 그림은 원래 위안커袁珂의 『산해경교주山海經校注』(里仁書局)에 수록된 것이다.

66 이수광, 앞의 책 권2, 「諸國部」, 外國.

67 이유원, 『林下筆記』 권39, 「異域竹枝詞」, 安南國.

68 류큐국은 중국이나 일본, 동남아시아 등과의 중계무역으로 번성했다. 1609년 사쓰마 번의 침공을 받은 이후, 여러 차례 일본의 침략을 받아 1879년 일본에 강제로 병합(류큐 처분)되어 멸망했고, 오키나와 현으로 바뀌었다.

69 정재서 역주, 앞의 책, 241쪽.

70『梁書』 권54,「列傳」 제48 諸夷.

71 조재삼,『松南雜識』,「外國類」, 扶桑國.

72『古微書』 권34.

73『異域志』 권하,「無腹國」.

74『淮南子』 권4,「地形訓」.

75 이찬, 앞의 책, 도판 14 참조.

76 조명기 외,『韓國思想의 深層硏究』, 우석, 1982.

77『삼재일관도』는 1722년 절강신창(浙江新昌)의 여무(呂撫)가 편집한 지도책으로 〈천지전도〉 외에 〈대청만년일통천하전도大淸萬年一統天下全圖〉〈남북양극성도南北兩極星圖〉〈역대제왕도歷代帝王圖〉,『하도낙서河圖洛書』『대학연의大學衍義』 등이 수록되어 있다(李孝聰,『歐洲收藏部分中文古地圖敍錄』, 國際文化出版公司, 1996, 17쪽). 현재 규장각에는 〈천지전도〉 〈대청만년일통천하전도〉만 수록된 지도가 소장되어 있고, 국립중앙도서관에는『각국도各國圖』에 필사본 〈천지전도〉가 실려 있다.

78 도광순,『神仙思想과 道敎』, 범우사, 1994, 199~200쪽.

79 김철순,『韓國民畵論考』, 예경산업사, 1991, 189쪽.

80 창덕궁 낙선재 앞에는 소영주(小瀛洲)라는 석물 받침대가 세워져 있다. 축조 양식으로 볼 때 조선시대에 만들어진 것으로 보인다. 소영주라는 신선사상과 관련된 지명이 궁궐의 석조물에 새겨진 것은 성리학적 원리가 지배하는 사회에서도 신선사상이 비공식적인 부분에서는 영향력을 행사했음을 보여주는 사례이다. 이와 더불어 당시 병풍으로 제작되어 반가(班家)의 방안을 장식했던 다양한 신선도(神仙圖)를 통해서도 신선사상에 대한 민간의 관심을 엿볼 수 있다.

참고문헌

『고미서古微書』.

『도장道藏』.

『양서梁書』.

『회남자淮南子』.

김정호(金正浩), 『청구도靑邱圖』.

사마천(司馬遷), 『사기史記』.

위백규(魏伯珪), 『환영지寰瀛誌』.

유만주(兪晩柱), 『통원고通園稿』.

윤행임(尹行恁), 『석재고碩齋稿』.

이규보(李奎報), 『동국이상국집東國李相國集』.

이덕무(李德懋), 『청장관전서靑莊館全書』.

이수광(李睟光), 『지봉유설芝峯類說』.

이유원(李裕元), 『임하필기林下筆記』.

이이명(李頤命), 『소재집疏齋集』.

이익(李瀷), 『성호사설星湖僿說』.

이종휘(李種徽), 『수산집修山集』.

장황(章潢), 『도서편圖書編』.

조구명(趙龜命), 『동계집東谿集』.

조재삼(趙在三), 『송남잡지松南雜識』.

주치중(周致中), 『이역지異域志』.

김양선, 「韓國古地圖硏究抄」, 『梅山國學散稿』, 숭전대학교 박물관, 1972.

김철순, 『韓國民畫論考』, 예경산업사, 1991.

카를로 로세티, 『꼬레아 꼬레아니』, 서울학연구소 옮김, 숲과나무, 1996.

노대환, 「조선후기의 서학유입과 서기수용론」, 『진단학보』 83, 진단학회, 1997.

노정식,「韓國의 古世界地圖硏究」, 효성여자대학교 박사학위논문, 1992.
도광순,『神仙思想과 道教』, 범우사, 1994.
박희병,「『欽英』의 성격과 내용」,『欽英』(서울대학교 규장각 영인본), 1997.
배우성,「古地圖를 통해 본 조선시대의 세계인식」,『진단학보』 83, 진단학회, 1997.
―――,「서구식 세계지도의 조선적 해석, 〈천하도〉」,『한국과학사학회지』 제22권 제1호, 2000.
서경호,『山海經 硏究』, 서울대학교출판부, 1996.
양보경,「목판본 〈東國地圖〉의 편찬 시기와 의의」,『규장각』 14, 1991.
오지 도시아키 지음,『세계지도의 탄생』, 송태욱 옮김, 알마, 2010.
이능화,『朝鮮 道教史』, 보성문화사, 1986.
이찬,「조선시대의 지도책」, 한국문화역사지리학회 편,『한국의 전통지리사상』, 민음사, 1991.
―――,「韓國의 古世界地圖에 관한 硏究: 天下圖와 混一疆理歷代國都之圖에 대하여」, 문교부 편,『1971년 문교부 학술연구 조성비에 의한 연구보고서』, 1971.
―――,『韓國의 古地圖』, 범우사, 1991.
전상운,「조선 초기의 지리학과 지도」,『한국과학사의 새로운 이해』, 연세대학교출판부, 1998.
정재서 역주,『산해경』, 민음사, 1985.
조명기 외,『韓國思想의 深層硏究』, 우석, 1982.
홍시환,『地圖의 歷史』(현대과학신서 74), 전파과학사, 1976.

船越昭生,「中國傳統地圖にあらわれた東西の接觸」, 京都大學文學部地理學教室 編,『地理の思想』, 地人書房, 1982.
小川琢治,「近世西洋交通以前の支那地圖に就て」,『地學雜誌』 258-160號, 1910.
海野一隆,「李朝朝鮮における地圖と道教」,『東方宗教』 57, 1981.
―――,『地圖の文化史―世界と日本』, 八坂書房, 1996.

Hulbert, H. B., "An Ancient Map of the World," *Bulletin of the American Geographical Society* 36, 1904.
Ledyard, Gari., "Cartography in Korea," In *The History of Cartography* Vol. 2,

Book. 2, J. B. Harley and David Woodward eds., University of Chicago Press, 1994.

Mackay, A. L., "Kim Su-hong and the Korean Cartographic Tradition," *Imago Mundi* 27, 1975.

Nakamura, Hiroshi., "Old Chinese World Maps Preserved by the Koreans," *Imago Mundi* 4, 1947.

Yi Ik Seup, "A Map of the World," *The Korean Repository* 1, 1892.

'키워드 한국문화'를 펴내며

'키워드 한국문화'는 한국의 역사와 문화를 재발견하는 작업이다. 한국문화의 정수를 찾아 그 의미와 가치를 정리하는 일이다. 한 장의 그림 또는 하나의 역사적 장면을 키워드로 삼아, 구체적인 대상을 통해 한국을 찾자는 것이다. 처음 소개되는 것도 있을 것이고, 잘 알려져 있더라도 이제야 그 진면목이 드러나는 것도 있을 것이다. 영상과 멀티미디어에 익숙한 현대적 감각에 맞추어 시청각자료를 풍부히 활용하고자 했다. 우리 것이니 당연히 알아야 한다는 의무감에서가 아니라, 같은 땅에 살았던 사람들의 삶의 이야기를 조근조근 들려주어 자연스레 책을 펼쳐볼 수 있게 했다. 이로써 멀게만 느껴졌던 인문학과 독서대중의 간극을 좁히고자 했다.

한국문화를 전혀 모르는 사람들에게나, 어렴풋이 알고 있다고 생각하지만 선입관에 사로잡힌 사람들에게, 또 좀더 깊이 알고자 하지만 길을 찾지 못하는 사람들에게 '키워드 한국문화'는 좋은 안내자가 될 것이다. 한국이 어떤 나라인지 묻는 외국의 벗에게 이 책 한 권을 건넴으로써 대답을 대신할 수 있을 것이다. 책이 한 권 한 권 간행될수록 한국문화의 특징과 아름다움이 더욱 선명히 모습을 드러내리라 믿는다. 책으로 만든 '한국문화 특별전시관'의 완공을 손꼽아 기다린다.

키워드 한국문화 기획위원

김문식, 박철상, 신수정, 안대회, 정병설

키워드 한국문화 13

천하도

초판 인쇄 | 2015년 2월 7일
초판 발행 | 2015년 2월 14일

지은이 오상학
펴낸이 강병선

책임편집 오경철 | 독자모니터 황치영
디자인 신선아 이주영 | 마케팅 정민호 이연실 정현민 지문희 김주원
온라인마케팅 김희숙 김상만 한수진 이천희 | 제작 강신은 김동욱 임현식 | 제작처 한영문화사

펴낸곳 (주)문학동네
출판등록 1993년 10월 22일 제406-2003-000045호
주소 413-120 경기도 파주시 회동길 210
전자우편 editor@munhak.com | 대표전화 031)955-8888 | 팩스 031)955-8855
문의전화 031)955-1933(마케팅), 031)955-2645(편집)
문학동네카페 http://cafe.naver.com/mhdn | 트위터 @munhakdongne

ISBN 978-89-546-3486-1 04900
978-89-546-0990-6 04900 (세트)

* 이 도서의 국립중앙도서관 출판시도서목록(CIP)은 e-CIP홈페이지(http://www.nl.go.kr/ecip)와
국가자료공동목록시스템(http://www.nl.go.kr/kolisnet)에서 이용하실 수 있습니다.
(CIP제어번호: CIP2015002023)

www.munhak.com